母への手紙

下巻

おわん太郎
OWAN Taro

文芸社

介護施設にいる母へ送った手紙

平成24年9月15日　東京より

お母さんへ

昨日、9月14日、お母さんに笑顔で昼食を食べてもらい、うれしかったです。お母さんは、いつも、完食です！

その後、高速バスに乗り、東京に帰ってきました。

バスの旅はゆっくり、リラックスできます。景色を見たり、寝たり…。

新宿駅で乗り換え、父親の介護施設へ行きました。父はとても元気でした！　よかった！

大好きな〝お饅頭〟を、持っていきました。とても喜んでくれました。そして、いつものように、目、鼻、耳、顔、手、足を入念に拭きました。それに、ひげ剃りもしました。

また、新聞を読んだり、話す練習もしました。それに、なぞなぞ遊びもしました。父は笑っていました。

〝夕食時間になりますから…〟と、介護さんの声。僕は施設を後にし、家に帰ってきました。お母さんは、元気ですか？

今日、9月15日（土）は、朝食後、ミーちゃんと一緒に父親の介護施設へ行きました。いつものように、目、鼻、耳、顔、手、足を入念に拭きました。それに、ひげ剃りもしました。

また、髪の毛を少し切りました。父はにっこり、とても喜んでくれました。

その後、日記を書く練習をしました。今日も元気で良かったです！

僕とミーちゃんは、安心して、施設を後にしました。

そして、お昼を食べに銀座へ行きました。

銀座中央通りにあるレストラン8階で、北陸の海の幸のフルコースを味わいました。

とてもおいしかったです！　その後、銀座を、ゆっくり散策しました。

日本橋の百貨店で、お母さんのスカーフを、じっくり吟味して、花のようなスカーフを買いました（ミーちゃんが選びました！）。お母さん、楽しみに待っていてくださいね！！！

今、家に帰ってきて、書いています。

来週、9月19日（水）から〝ぐるり四国、小豆島《しょうどしま》、瀬戸内海クルージング4日間の旅〟に行ってきます。四国をぐるりと周遊、そして小豆島を観光します、そして、瀬戸内海をクルージングします。ホテルは、すべてAランクの特選ホテルです。食事も温泉も、景色も楽しみです。

また、旅行2日目、予定していたホテルを変更して、郷土伝統芸能《きょうどでんとうげいのう》の水軍太鼓《すいぐんたいこ》のショーを見られるホテルに変えました。このホテルも、Aランク特選のホテルです。

旅行の添乗員《てんじょういん》さんから〝爽《さわ》やかな清流、四万十川《しまんとがわ》が、山々を水面に映し、とてもきれいですよ！〟と、連絡がありました。早く行って見たいなぁー！

お母さんには、お土産《みやげ》をいっぱい買ってきますからね！！！

けんじ

平成24年9月18日　東京より

お母さんへ

お母さんは、元気ですか？
しっかり食事して、お茶も飲んでくださいね。
それに手を動かす練習もしてくださいね。

今日、9月18日（火）は、朝食後、ミーちゃんと一緒に父親の介護施設へ行き、いつものように、目、鼻、耳、顔、手、足を入念に拭きました。それに、ひげ剃りもしました。そして漢字を書く練習をしました。今日は、なぞなぞの本をもって行きました。ミーちゃんも笑っていました！　父の昼食介助の後、僕とミーちゃんはお昼を食べに銀座へ行きました。

この日は食通の雑誌で紹介されていた銀座三越の裏手、東銀座にあるイタリアン・レストランでイタリア料理を、味わいました。おいしかったです！

まず、大きなお皿に、イタリアンチーズがたっぷりとかかったエビの入った生野菜サラダ。

メイン料理は5種類の中から選べます。僕は牛肉のとろとろ煮込み料理。ミーちゃんは鮮魚のカルパッチョ。野菜の付け合わせもきれいでした。それにイタリア熟成生ハムの食べ放題！　その横には、クラッカーやパンにのったイタリアのカナッペ料理が、きれいに、美味しそうに並べられていました。僕とミーちゃんは、生ハムもカナッペ料理も、何回も、お代わりをしました。

おいしかったです！　そしてお腹いっぱいです。それにデザートも焼きたてパンも美味しかったです！（スペイン・レストランも、焼き立てのパンが美味しい！）

ミーちゃんは、また、言っています！〝今度は、お母さんと来たいわ！〟と。

お母さん、いいですか？　ミーちゃんは、お母さんのことが、大好きです！

今日のお天気は、太陽が輝き、さわやかで、すがすがしいです。

そして銀座と日本橋を散策しました。百貨店のブティックでは、いつものようにお母さんのブラウスを探しましたが、今回は、気に入るのが見つかりませんでした。次回は、期待して待っていてくださいね。

そうそう、9月16日（日）と17日（敬老の日）は、浅草を観光しました。そして、浅草ビューホテルに泊まりました。夕食はホテルのフレンチ・レストランで、じっくり、優雅にフランス料理を味わいました。高層階（22階）からの景色は、素晴らしかったです。

明日9月19日から4日間、旅行に行ってきます。〝ぐるり四国と小豆島《しょうどしま》、そして瀬戸内海クルージング4日間の旅〟です。ミーちゃんは、有給休暇を3日使い、それに秋分の日を合わせて4日の休みです。それに翌日の23日も、日曜日なので、仕事は休みです。

それでは明日、旅行に行ってきます。

お母さん、お土産《みやげ》を楽しみに待っていてくださいね！

けんじ

ぐるり四国、小豆島《しょうどしま》、瀬戸内海《せとないかい》クルージング4日間の旅　第1日目

平成24年9月19日　四国の高知にて

お母さんへ

お母さんは、元気ですか？　僕とミーちゃんは今、四国に来ています！

羽田空港を12時に出発し、東京湾を一周し、房総《ぼうそう》半島、三浦《みうら》半島、伊豆《いず》半島を眼下に、南アルプスを右手に、そして、富士山の美しい姿が、何とも堂々と、また、優しく微笑んでいるように見えました。そして飛行機は、快晴の青い空間を進みました。機内では、ミーちゃんと乾杯し、空の旅を楽しみました。そして、四国の徳島空港に到着しました。

お天気は快晴、空は真っ青です！　気温は26度、太陽が輝き、まばゆいほどです！

すぐに空港を出発し、山の中を進みました。

走ること90分、吉野川《よしのがわ》流域の渓谷《けいこく》で有名な〝大歩危峡《おおぼけきょう》〟に到着しました。パンフレットを見てくださいね。大歩危峡は、山々がきれいで、その渓谷に吸い込まれてしまいそうなほどで、見ていると、胸がドキドキするほど、渓谷が深かったです。

その後、45メートルのゆらゆら揺《ゆ》れるつり橋で有名な〝かずら橋〟を訪れました。

かずら橋は、本当に、ゆらゆら揺れる、木のつり橋で、谷が深く、見ているだけで、足がガクガクして…、歩いて渡ろうとしましたが、やめました。

景色は、山の中の中、本当に素晴らしかったです！

次に、平家《へいけ》の落人《おちうど》伝説で有名な、琵琶《びわ》の滝を見物しました。ここも山の中の中、山深く、自然に囲まれた、素晴らしいところでした。

そして、午後5時35分、大きく立派なホテルに到着しました。

今、岩風呂と露天風呂に入ってきました。つるつる、すべすべで、とても良かったです。夕食は、ホテル自慢の海の幸の会席料理のフルコースです。とても楽しみです。それでは、これから行ってきまーす！

今、食べてきました。豪華な海の幸の舟盛《ふなも》りが付いた、フルコースの夕食で、本当においしかったです。

今日は本当に空が美しく、青く透き通っていました。それに、四国の山深い自然が、素晴らしかったです。

お母さん、また書きますからね。

けんじ＋ミーちゃん

そうそう、お昼は、ミーちゃんと羽田空港で食べました。ローストビーフ、お刺身の盛り合わせ、お寿司、エビサラダ、それにビールを味わいました。おいしかったです！

ぐるり四国、小豆島《しょうどしま》、瀬戸内海《せとないかい》クルージング4日間の旅　第2日目

平成24年9月20日

お母さんへ

お母さんは、元気ですか？　しっかり食事して、水分補給をしてくださいね。それに、左手をたくさん動かしてくださいね！

僕とミーちゃんは、今、四国に来ています。今日は旅行2日目、朝から太陽が微笑み、空がきれいです。

今、朝食を食べてきました。和食と洋食のバイキングで、おいしかったです！

旅行初日の昨日は、四国の山深い中央部を観光しました。

そして、今日、2日目は、四国の西側（九州側）をぐるりと周遊します。

朝8時20分にホテルを出発しました。四国の道は、山が多いせいか、比較的、道がせまく、家並みに近いです。走っていると、人にも自然にも近く、親しみやすい感じです。

初めに、坂本龍馬《りょうま》で有名な〝桂浜《かつらはま》〟を訪れました。海岸の砂浜が、弓状《ゆみじょう》に広がる景勝地《けいしょうち》で、坂本龍馬の銅像が、太平洋をじっと、見つめていました。

次に、日本・最後の清流と言われている、〝四万十川《しまんとがわ》〟の上流へ、上がってきました。この上流では、青々とした山々が一面に、その自然の美しさに輝いていました。そして、観光船に乗り、清流・四万十川を、ゆっくりと、景色を眺めながら、鮎《あゆ》の炭焼きと特製のお弁当を食べながら、

川下りを楽しみました。

また〝三里《みさと》の沈下橋《ちんかばし》〟付近では、いろいろな花が、いっぱい、咲いていました。まさに、お花畑！　明るくさわやか、すがすがしさを感じました。

その後、伊予かすり会館に行きました。そして、伊予のかすりを、いろいろと見ました。女性のお客さんが、たくさん買い物していました。僕は、伊予のみかん（いよかん）を試食しました。おいしかったです。３つ、買いました。次に、内子《うちこ》を訪れました。ここは、白壁《しらかべ》の町並みで有名なところです。町は静かで、観光客も、静かに、見学していました。

その後、南へ1時間、宇和島《うわじま》を訪れました。ここは、真珠《しんじゅ》の養殖が盛《さか》んなところです。四国の宇和島、イコール、真珠と言われるほどです。町には、真珠のお店が多く、女性のお客さんで、にぎわっていました。そうそう、真珠のドリンク（飲み物）が、ありました。真珠を粉にした飲み物で、身体の中をきれいにする作用が、あるそうです。本当かな？

真珠の町を後に、山の中を進みました。伊予のみかん（いよかん）を食べながら、山の景色を楽しみました。のどかで、とても良かったですよ！

そして、道後温泉に、午後5時15分に到着しました。

今、郷土伝統芸能の水軍太鼓《すいぐんたいこ》のショーを鑑賞してきたところです。とても素晴らしかったです！

けんじ＋ミーちゃん

ぐるり四国、小豆島《しょうどしま》、瀬戸内海《せとないかい》クルージング4日間の旅　第3日目
平成24年9月21日

お母さんへ

お母さんは、元気ですか？　しっかり食事しましたか？　水分補給は忘れないでくださいね。それに、左手をたくさん動かしてくださいね。

僕は、今、ミーちゃんと四国に来ています。今日は四国旅行の第3日目です。空は青く、太陽がやさしく輝いています。日中の気温は、22度～26度で、さわやかです。

今、朝食をしてきました。これから出発します。それでは、行ってきまーす！

朝8時30分に道後温泉を出発し、有名な金刀比羅宮《ことひらぐう》（通称：こんぴらさん）へ行きました。階段が急で、〝フーフー〟言いながら、上りました。参道や狭い道には、お土産店や、食べ物屋さんが、ぎっしり、お客さんも、たくさん来ていました。上がるにつれて、景色が広がり、きれいでした。そして、〝こんぴらさん〟の本殿《ほんでん》で、お母さんの健康と長生きをお祈りしました。また、山の景色が、清新《せいしん》で、心が洗われるようでした。

お昼は、参道入口近くのレストランで、〝讃岐《さぬき》うどん御膳《ごぜん》〟を食べました。やはり、本場の讃岐うどんは、おいしかったです。

次に、弘法大師《こうぼうだいし》（空海《くうかい》）が、生まれた所、として有名な〝善通寺《ぜんつうじ》〟へ行きました。お寺も五重塔も立派でした。ここでも、お母さんの健康を、いっぱいお祈りしましたよ！

そして、瀬戸内海を眺めながら走りました。海は、穏やかで、優しさに満ちていました。また、家並み、町並みも、のどかで、良かったですよ。

その後、瀬戸内海を観光船で、クルージングしました。大きな島、小さな島、青い海、青い空、風もさわやかで、素晴らしいクルージングでした。

そして、まるで地中海のような風景の〝オリーブの島〟と言われている、小豆島《しょうどしま》に渡りました。すぐに寒霞渓《かんかけい》（日本3大渓谷美《けいこくび》の一つ）をロープウェイで山頂へ上がり、その素晴らしい景色を楽しみました。本当にきれいでした！ 同封のパンフレットを見てくださいね。そうそう、お猿さんの家族にも出会いました。野生なので、怖かったです。ミーちゃんは、〝あらっ、可愛いわ！〟と言っていました。

その後オリーブ園を訪れました。大きな白い風車が、印象的でした。

ミーちゃんが、オリーブオイルをお土産に買いました。お母さん、楽しみに待っていてくださいね。そして今、小豆島温泉に到着しました。今日の夕食は、とれたてのブリの会席料理です。これからゆっくり、温泉に入ります。そして、おいしい料理を味わってきます。

けんじ＋ミーちゃん

ぐるり四国、小豆島《しょうどしま》、瀬戸内海《せとないかい》クルージング４日間の旅　第４日目

平成24年９月22日

お母さんへ

お母さんは、元気ですか？　しっかり食事して、お茶も飲んでくださいね。それに、左手をたくさん動かしてくださいね！

今日は旅行４日目、朝から太陽が輝き、空がきれいです。

今、朝食を食べてきました。和食と洋食のバイキングで、おいしかったです！

８時30分にホテルを出発し、小豆島《しょうどしま》を観光バスで周遊しました。二十四の瞳《ひとみ》、映画村、平和の群像など、島の中を、ぐるりと観光しました。そして、船で、高松港へ渡り、屋島《やしま》の源平《げんぺい》合戦の古戦場《こせんじょう》を見てきました。

早めの昼食後、山をいくつも越え、四国の景色を、心ゆくまで、楽しみました。

そして四国霊場《れいじょう》第88番札所《ふだしょ》の〝大窪寺《おおくぼ》〟へ行きました。ここは四国88ヶ所、霊場巡《めぐ》りの終着点です。

たくさんのお遍路《へんろ》さんが、願い事を、祈願《きがん》しています。

僕もお母さんの健康と長生きを、いっぱい、お祈りしてきました。

これから、お寺さんで、手紙を印刷してもらい、空港から手紙を出します。
とても素晴らしい旅行です！
お母さんは、元気ですか？　おみやげ、いっぱい、待っていてくださいね。

けんじ＋ミーちゃん

平成24年10月3日　東京より

お母さんへ

今日、お母さんに笑顔で昼食を食べてもらい、うれしかったです。お母さんは、いつも、完食です！　その後、僕は新幹線に乗り、東京に帰ってきました。

すぐに乗り換えて、父親の介護施設へ行きました。父は今日も元気でした。よかった！

〝3時のおやつ〟には、大好きな〝たい焼き〟を持っていきました。とても喜んでくれました。

そして、いつものように、目、鼻、耳、顔、手、足を入念に拭きました。ひげ剃りもしました。

また、新聞を読んだり、漢字を書く練習をしたり、なぞなぞ、もしました。

夕方6時過ぎに、家に帰ってきました。郵便箱を開けると、フランスから手紙が来ていました。

高校の先生をしているナタリーからの手紙でした。とても懐かしく思いました。でも、僕には
ミーちゃんと言う奥さんがいるので、返事は書きません。

お母さんは、元気ですか？


僕は明日から3日間、東北の紅葉めぐりをします。〝秋彩の東北、ぐるり周遊の旅3日間〟です。ミーちゃんも一緒に行きます。

明日10月4日の朝、7時の新幹線で東京駅を出発します。そして、山形県の月山《がっさん》8合目へ上がり、紅葉を見てきます。月山の紅葉は、9月20日より10月10日が見ごろです。

きっと、素晴らしい景色が見られることでしょう。そして、Aランクの上質のホテルに泊まります。夕食が楽しみです。

その翌日、10月5日は、山形県の鳥海山《ちょうかいさん》の紅葉を観光します。そして山形・宮城の栗駒《くりこま》国定公園を観光し、宮城県の奥座敷《おくざしき》〝鳴子《なるこ》温泉郷〟のホテルに泊まります。栗駒高原も鳴子温泉郷も、紅葉が素晴らしい事で有名です。今から楽しみです。パンフレットを見てね。

旅行3日目の10月6日は、宮城・岩手の栗駒国定公園を周遊し、世界遺産《いさん》の平泉・中尊寺を観光します。お寺も庭園も、素晴らしいです。パンフレットをいっぱい送るので、じっくり見てくださいね。

それから、岩手県・宮城県の紅葉を、さらに楽しんで、東北新幹線で、夜10時ごろ、東京に帰ってくる予定です。

そして、その翌日10月7日（日）、お昼ごろ、お母さんの施設に到着予定です。ミーちゃんも行きます。会社の有給休暇を使い、10月11日木曜日まで、滞在する予定です。

ミーちゃんは、「早くお母さんに会いたいわ！」と、いつも言っています。

この手紙が届くころは、紅葉の東北を周遊していることでしょう。

お母さんは、元気ですか？　しっかり食事して、お茶も飲んでくださいね。それに、左手を動かしてくださいね。

けんじ＋ミーちゃん

お母さんには、おみやげが、いっぱい！　楽しみに待っていてくださいね！

平成24年11月4日　東京より

お母さんへ

今日、お母さんに笑顔で昼食を食べてもらい、うれしかったです。お母さんは、いつも、完食です！

その後、新幹線に乗って東京に帰ってきました。

今日は日曜日、東京駅構内がとても混んでいたので、乗り換えに時間がかかりました。急いで父親の介護施設へ、駅から走りましたが、午後3時43分に着きました。

〝3時のおやつ〟には間に合いませんでしたが、大好きな〝たい焼き〟を持っていきました。とても喜んでくれました。食べた後、いつものように、目、鼻、耳、顔、手、足を入念に拭きました。そして、ひげ剃りもしました。

父は、フランス語の生徒さんのことを心配して、「今はどうしている？」と尋ねたので、「フランス語検定5級、4級に合格し、今は3級に挑戦している。前回の試験で、あと、6点で合格だった。今、頑張って勉強しているよ」と、答えると、父は「よかった！」と、ホッとしていました。そのほか、いろいろ話しました。とても良かったです！

夕方6時過ぎに、1ヶ月ぶりに、東京の家に帰ってきました。

部屋の掃除と、郵便物の整理をしていると、もう8時。さっき買ってきたお刺身の盛り合わせを食べます。

お母さんは、元気ですか？　しっかり食事して、水分補給も忘れないでくださいね。

僕は今、夕食を終え、モーツァルトのクラリネット・コンチェルトを聴きながら、フランスのボルドーワインを味わっているところです。そして、明日からの事を考えています。

僕とミーちゃんは明日から『立山《たてやま》・黒部《くろべ》アルペンルート』の旅に行ってきます。標高3000メートルの山々を、ケーブルカー・ロープウェイ・トロリーバス・高原バスなど、8つの乗り物で、黒部アルペンルートの全長100キロ以上を縦断《じゅうだん》・横断《おうだん》・通《とお》り抜《ぬ》け、します。パンフレットを見てくださいね。そして、5つの日本一を、じっくり、見てきます。

また、黒部渓谷《けいこく》鉄道、通称《つうしょう》、〝黒部トロッコ列車〟にも乗車します。そして、宇奈月《うなづき》温泉のホテルに泊まります。今から景色と食事が楽しみです！

旅行の添乗員《てんじょういん》さんからの連絡によると、紅葉がとても美しいです！　との事です。

それでは、明日、東京駅7時、長野新幹線で出発します。ミーちゃんも一緒に行きます。

この手紙が届くころは、紅葉の立山・黒部アルペンルートを周遊していることでしょう。

お母さんは、元気ですか？　しっかり食事して、お茶も飲んでくださいね。それに、左手を動かしてくださいね。

けんじ＋ミーちゃん

お母さんには、お土産が、いっぱい！　楽しみに待っていてくださいね！

平成24年11月8日　東京より

お母さんへ

お母さんは、元気ですか？　しっかり食事して、水分補給をしてくださいね。それに、左手をたくさん動かしてくださいね！

僕は11月5日からの『立山《たてやま》・黒部《くろべ》アルペンルート』の旅を終え、東京に帰ってきました。

8つの乗り物で、全長100キロ以上の立山・黒部アルペンルートを巡《めぐ》る旅行は、本当に素晴らしかったです！　紅葉がきれいだった！　山の景色が素晴らしかった！　室堂《むろどう》付近では、すごい雪で、あたり一面が銀世界！　黒部湖も壮大《そうだい》で良かった！　黒部渓谷《けいこく》鉄道トロッコ列車も良かった！　3000メートル級の山々の山肌《やまはだ》を縫《ぬ》うように進むトロッコ列車は、風情もあり、景色も最高に素晴らしかった！　また、宇奈月《うなづき》温泉も良かった！　食事も良かった！　みんな良かったです！　大満足の旅行でした。パンフレットを見てくださいね。

ミーちゃんも、本当にきれいだったと、大満足でした。

今日は、東京で、一日、のんびりします。午後からは、近くの商店街を散策します。

お天気が良いので、気持ちの良い散歩になるでしょう。

明日、11月9日（金）は、大好きな浅草《あさくさ》を散策します。

あさっての11月10日（土）は、ミーちゃんの友達が、講談師《こうだんし》をしていて、日本橋の演芸場（お江戸《えど》日本橋亭《てい》）に招待《しょうたい》してくれたので、行ってきます。

お昼の12時に開演して、午後4時45分まで、10人の講談師が熱演します。今から楽しみです。

11月11日（日）は、大好きな銀座を散策して、いつものようにフランス料理のフルコースを味わってくる予定です。日曜日なのでミーちゃんの会社はお休みです。一緒に行きます。

11月12日（月）は、家の大掃除をします。ミーちゃんは仕事です。

そして、11月13日（火）のお昼ごろ、お母さんの施設に着く予定です。

お母さんには、お土産が、いっぱい！　楽しみに待っていてくださいね！

けんじ＋ミーちゃん

平成24年12月7日　東京より

お母さんへ

今日、お母さんに笑顔で昼食を食べてもらい、うれしかったです。お母さんは、いつも、完食です！

その後、僕は東京に帰ってきました。東京駅は、いつも同様、たくさんの人で、混雑していました。きっと、週末の始まる金曜日だからかもしれませんね。

すぐに乗り換えて、急いで父親の介護施設へ行きました。

〝3時のおやつ〟に、なんとか間に合いました（今日も駅から施設まで走りました。疲れました）。父はうれしそうな顔をして〝たい焼き〟を食べてくれました。よかった！

そして、いつものように、目、鼻、耳、顔、手、足を入念に拭きました。ひげ剃りもしました。

ここ最近、体調が良く、新聞を読んだり、テレビを見たり、毎日元気にしていますよ、と看護師さんと介護スタッフの人が言っていました。あー、よかった！

夕方6時過ぎに、家に帰ってきました。

お母さんは、元気ですか？

食事をしっかり、水分補給もしっかり、それに、左手を動かしてくださいね。

僕は今、夕食を終え、モーツァルトのクラリネット・コンチェルトを聴きながら、フランスのワインを味わっているところです。そして、明日からの事を考えています。

明日12月8日（土）から、5日間、九州を旅行します。〝九州・デラックス5日間の旅〟です。大きな九州を、空から、海から、そして大地をぐる～っと周遊してきます。

訪れる予定地は、湯布院《ゆふいん》、別府《べっぷ》、阿蘇五岳《あそごがく》、高千穂峡《たかちほきょう》、草千里《くさせんり》、船で島原湾《しまばらわん》をクルーズ、太宰府天満宮《だざいふてんまんぐう》、柳川《やながわ》では北原白秋《はくしゅう》の生家を訪れます。そして、長崎、佐世保《させぼ》、九十九島《くじゅうくしま》を遊覧船でめぐります。

九州の紅葉は、12月の上旬から中旬まで見ごろです。今から、とても楽しみです！

それに、一泊目は、〝別府《べっぷ》温泉〟。二泊目は、〝霧島《きりしま》温泉〟。三泊目は、〝阿蘇《あそ》温泉〟。四泊目は、〝長崎〟と、温泉三昧《ざんまい》です。〝九州・デラックス5日間の旅〟、景色も食事も温泉も、今から楽しみです。

また、お母さんには、お土産をいっぱい買ってきます！　待っていてくださいね！

それに、太宰府天満宮《だざいふてんまんぐう》では、お母さんの健康と、長生きを、いっぱいお祈りしてきますからね！

けんじ

九州・デラックス5日間の旅　第1日目
平成24年12月8日　別府《べっぷ》温泉郷にて

お母さんへ

お母さんは、元気ですか？　僕は今、ミーちゃんと九州に来ています！

羽田空港を13時10分に出発し、東京湾を一周し、首都圏上空で左へ旋回し、山梨県上空へ。

そして雪の日本アルプスを眼下に、左手には、富士山の美しい姿が、堂々と、また、優しく微笑んでいるように見えました。飛行機は、快晴の青い空間を進みました。

機内では、ミーちゃんと乾杯し、空の旅を楽しみました。

そして、九州の福岡空港に15時10分に到着しました。

お天気は快晴、気温は16度、太陽が輝き、〝あったか九州〟です！

すぐに、福岡空港を出発し、九州の高速道路を通り、温泉で有名な別府《べっぷ》温泉郷に向かいました。

走る事、2時間！　九州の町並みを楽しんでいると、町のあちこちから白い煙が立ち昇っています。そうです、別府《べっぷ》温泉郷に着きました。

そして、町を見下ろす高台へと、車は上がりました。ここは、〝別府湯の里〟という、観光施設で、湯の花の採取場です。あたりは、温泉独特の硫黄《いおう》の匂《にお》いがたち込め、源泉が流れています。湯の花を採取するため、大きな浴槽が、階段状に並べられ、室《むろ》が敷《し》いてあり、少しずつ、湯の花が出来ていく様子がわかります。

横のお土産店で、湯の花を、2袋、買いました。

そして、別府温泉郷のロイヤルホテルへ、17時40分、午後5時40分に到着しました。

ホテルは大きく立派です！　すぐに温泉に入りに行きました。ゆったり、のんびり、露天風呂に入ってきました。とても良かったですよ。ミーちゃんも、〝すべすべで、優しくて、硫黄の匂いも、とても良かった！〟と言っています。

そして夕食は、豊後牛《ぶんごぎゅう》のすき焼き御膳《ごぜん》。牛肉もおいしい！　すき焼きもおいしい！　そのほかの料理も、みんな、豪華で、おいしかったです。

今、夕食を終え、部屋で、のんびり、くつろいでいます。

飛行機の旅も良かった、九州の町並みも良かった、ホテルも温泉も料理も、みんな、良かった！　それに、太陽が輝き、気温も16度と、暖かかったです。

今日は、本当に素晴らしい、旅の1日を、過ごしました。パンフレットの説明、一生懸命に書きました。じっくり読んでくださいね。

これからフランスのワインを味わいながら、今日の日をふり返ります。

おやすみなさい。

けんじ＋ミーちゃん

今日のお昼は、羽田空港で、ローストビーフ、お寿司、エビとカニとマグロのお刺身を食べました。おいしかったです！

九州・デラックス5日間の旅　第2日目
平成24年12月9日　別府《べっぷ》温泉郷から霧島《きりしま》温泉郷へ

お母さんへ

お母さんは、元気ですか？　しっかり食事して、水分補給は忘れないでくださいね。

僕とミーちゃんは、今、九州の別府《べっぷ》に来ています。朝5時に起き、すぐに露天風呂へ。

そしてゆったり、のんびり、入ってきました。やわらかい泉質で、とても良かったです！

朝食は6時30分から、①豪華バイキング、②和食膳、③洋食膳の3つから、選べます（2年前の12月20日の朝食の時は、③の洋食のレストランへ行きました）。

今朝は、ミーちゃんと相談した結果、①の豪華バイキング、を食べることにしました。

やっぱり美味しかった！　朝から大満足です！

今日は、九州旅行の2日目、それでは、行ってきまーす！


朝、7時30分に別府温泉郷を出発しました。今日も青空、太陽が輝いています。

今日も〝あったか九州〟です。

高速道路を走り、九州のど真ん中を通り、山の景色を楽しみました。このあたりは、例年12月中旬まで、今年は、12月下旬まで紅葉がきれいです、とガイドさんが言っていました。山々は、本当にきれいでした。

そして、山の中の宝石箱、と呼ばれている、湯布院《ゆふいん》に到着しました。町は、凛《りん》とした空気に包まれ、また、紅葉した山々が、とてもきれいでした。そして、美しい湖で有名な金鱗湖《きんりんこ》や町を散策しました。本当に紅葉、町並み、湖がきれいでした。

その後、湯布院を出発し、山を下り、再び山を上がり、大分県と熊本県の境にある、瀬《せ》の本高《もと》原を訪れました。ここから、阿蘇五岳《あそごがく》の山々が一望できます。空気が新鮮！　そして、さわやか！　大きく深呼吸しながら、雄大な山々を眺めました。お天気が良いので、景色は、最高に素晴らしかったです。牛も、のんびり、遊んでいました。

その後、バスはゆるやかな山道を進み、阿蘇《あそ》・草千里《くさせんり》に着きました。

ここは、標高1130メートルにある広大な草原で、馬が草を食べたり、駆《か》け巡《めぐ》ったりしていました。牧歌的《ぼっかてき》風景で、見ているだけで、心が平和になりました。パンフレットを見てくださいね。

次に訪れたのは、高千穂峡《たかちほきょう》です。渓谷《けいこく》が美しく、滝も川も、紅葉も、みんなきれいでした！　約2時間、渓谷に沿って、散策しました。木々の色が、赤、黄、オレンジと、太陽光線に、ピカピカと、輝いていました。パンフレットを見てくださいね。

そうそう、お昼は、草千里の〝日本庭園の宿〟で、季節の会席料理《かいせきりょうり》を、味わいました。見るからにきれいで、みんな、おいしかったです（すごく豪華でした！）。パンフレットを見てくださいね。これを、味わいました。

その後、高千穂峡を後にし、九州自動車道を南下し、宮崎県を縦断《じゅうだん》し、鹿児島県の霧島《きりしま》へとやって来ました。ガイドさんの説明によると、今年は暖かく、12月下旬まで紅葉が楽しめますよ、と、言っていました。本当に山の景色が、最高に素晴らしかったです！

大分県、そして宮崎県から鹿児島県の337キロ、本当にすべて、きれいでした。

そして、旅行2日目の九州を代表する名湯《めいとう》、鹿児島県の霧島《きりしま》温泉郷のホテル、霧島スパヒルズに、夕方6時過ぎに到着しました。

このホテルは、温泉設備が霧島で一番大きく立派なホテルです。ホテルのパンフレットを見てくださいね。

すぐに、温泉に入りました。つるつる、すべすべ、やわらかい温泉で、大満足です。

ミーちゃんも、〝やさしく、やわらかで、最高の温泉！〟と、言っています。

夕食は、薩摩《さつま》牛と薩摩豚のブランドしゃぶしゃぶの会席料理でした。ほっぺたが、落ちそうなくらい、おいしかったです。それに、そのほかの料理も、見るからにきれいで、おいしかったです。お腹いっぱい！　あー、おいしかった！

今、部屋で書いています。ホテルは大きく立派、部屋も広くて豪華です。

〝こんなに贅沢《ぜいたく》な部屋、もったいないな～〟と、思うほどです。

それでは、これから、鹿児島のお酒を味わいながら、旅行2日目、今日の旅を、振り返ります。

ところで今日、高千穂神社で、お母さんの健康と長生きを、いっぱい、お祈りしました。

ミーちゃんも、お母さんの健康と長生きを、いっぱい、いっぱい、お祈りしましたよ。

（本当は今、言えないのですが、ミーちゃんは、プレゼントとして、お母さんのお守りを買いました。これは秘密ですからね！）

ミーちゃんは、いつも、お母さんのことばかり、心配しています。

鹿児島のお酒はおいしい！　そして、今日の旅も素晴らしかった！　料理もホテルも、みんな、良かった！

それに、湯布院でも、阿蘇の山々でも、お母さんの健康と長生きを、いっぱい、いっぱい、お祈りしましたよ。

けんじ＋ミーちゃん

九州・デラックス5日間の旅　第3日目

平成24年12月10日　霧島《きりしま》温泉郷から阿蘇《あそ》温泉郷へ

お母さんへ

お母さんは、元気ですか？　僕とミーちゃんは今、九州の霧島温泉郷に来ています。朝5時に起き、温泉に、ゆったり、のんびり、入ってきました。そして、6時から朝食、今、部屋に戻ってきました。ここは九州の名湯、霧島温泉。自然に恵まれ、思わず深呼吸したくなるほど、空気は新鮮です。それに、赤、黄、オレンジの花が、本当にきれいです。

今日は旅行3日目、空は青く、さわやかなお天気です。それでは、これから行ってきます。

朝7時50分にホテルを出発しました。鹿児島県をいっきに南下し、知覧《ちらん》の町へと進みました。この知覧には、特攻平和の記念館があり、第2次世界大戦のモニュメントがあります。歴史的な物を、神聖な思いで見てきました。

その後、鹿児島県を、さらに南下し、指宿《いぶすき》を通り、雄大な開聞岳《かいもんだけ》を望む事ができる池田湖を訪れました。この池田湖周辺は、九州の南の鹿児島県、その鹿児島県の最南端ということで、気候が温暖で、例年は12月の中旬より菜の花が咲きます。

今年は、さらに温暖で、今日すでに、黄色い花が、いっぱい咲いていました。黄色い花と富士山のように優雅な開聞岳、どちらもきれいでした。

お昼は、この景色を眺めながら、レストランで食べました。

それから近くの屋久杉工房《やくすぎこうぼう》を訪れ、熟練《じゅくれん》の職人さんが作った伝統工芸の作品を、いくつも拝見しました。とても素晴らしかったです!

次に、鹿児島名物の〝さつまあげ〟の製造工場に、立ち寄り、出来立ての〝さつまあげ〟を試食しました。とてもおいしかったです。

次に、昔のお殿様《とのさま》の御殿《ごてん》〝仙厳園《せんげんえん》〟を訪れました。庭園も美しく、遠くに桜島を見ることができます。僕はミーちゃんと、お殿様とお姫様になった気分で、園内を散策しました。

その後、海岸線を走り、鹿児島インターから九州自動車道に乗り、熊本県の阿蘇《あそ》温泉郷へと進みました。お天気が良く、車窓からの景色は、最高でした。

そして、阿蘇温泉郷に夕方の6時に到着しました。

すぐに温泉に入り、ゆったり、のんびり、してきました。すべすべの温泉で、やわらかくて、とても良かったです。

今日の夕食は、〝阿蘇会席料理〟です。これから食べに行きます。

全部、美味しかったです! 今部屋に帰ってきました。

けんじ+ミーちゃん

今日もお天気に恵まれ、景色がとても良かったです。気温は16度、暖かいです。

今日は、開聞岳で、お母さんの健康と長生きを、いっぱいお祈りしました。

九州・デラックス5日間の旅　第4日目
平成24年12月11日　阿蘇《あそ》温泉郷から長崎へ

お母さんへ

お母さんは、元気ですか？　しっかり食事して、お茶も飲んでくださいね。

僕はミーちゃんと今、九州の熊本県、阿蘇温泉郷に来ています。今日は、旅行4日目です。

朝5時に起き、温泉に入ってきました。小鳥のさえずりを聞きながら、のんびり、ゆったり、温泉に入ってきました。とても良かったです。

朝食は、和食御膳、おいしかったです。今日、旅行4日目も、盛りだくさん！　いっぱい、観光してきます！　それでは、行ってきます！（旅行第1日目の手紙は、もう届きましたか？）


　朝7時40分にホテルを出発しました。お天気は快晴で、すがすがしいです。

初めに、阿蘇《あそ》温泉郷より山を下り、阿蘇内牧《うちのまき》、南阿蘇、阿蘇赤水《あかみず》…と、阿蘇と名の付く名所を見て回りました。

　そして山道を抜け、福岡県の柳川《やながわ》に到着しました。この町は、〝どんこ舟《ふね》〟が行きかう水郷《すいごう》の町で、景色がとてものどかで、素晴らしいです。また、文豪《ぶんごう》、北原白秋《はくしゅう》の生まれた町です。生家は、造り酒屋ですが、今は、白秋の記念館になっていました。町は、静かで優しい空気に包まれています。僕は1時間、ゆっくり散歩を楽しみました。本当にのどかで、良かったです。そして、この地方で有名な〝八女茶《やめちゃ》〟というお茶を、お土産《みやげ》に買いました。

その後、佐賀県へ入り、雄大な佐賀平野、佐賀の開墾《かいこん》の農地を、車窓より楽しみました。

途中、農産物の直売所があり、ミーちゃんが、みかんを買いました。とても甘く、おいしかったです。

それから長崎県に入り、さらに長崎市内にやってきました。有名な観光名所のグラバー園を見学したり、オランダ坂を散策したりしました。とても賑やかで楽しかったです。また、お天気が良く、暖かいので、散歩も楽しかったです！

お昼は、高台にあるレストランで〝幕末龍馬御膳《ばくまつりょうまごぜん》〟を味わいました。全部、おいしかったです！　それに長崎市内を一望、景色も最高でした。

ホテルには、夕方5時、到着しました。

今日の夕食は、ふぐ鍋つきの和食会席料理です。今から楽しみです！

今日もお天気に恵まれ、景色が最高に素晴らしかったです！

けんじ＋ミーちゃん

柳川の神社で、お母さんの健康と長生きを、いっぱい、お祈りしましたよ。

九州・デラックス5日間の旅　第5日目
平成24年12月12日　長崎にて

お母さんへ

お母さんは、元気ですか？　しっかり食事して、お茶も飲んでくださいね。

今日は九州旅行の5日目です。僕は、長崎に来ています。

朝食の豪華バイキングを終え、お腹いっぱい！　今、部屋で景色を眺めながら書いています。

高台に建つ、この大きく立派なホテル！　景色が最高です！　今日もお天気が良く、太陽がきらきら輝いています。本当に気持ちの良い朝です。

それでは、旅行5日目、これから、行ってきます。出発進行！

（旅行第1日目、2日目、それに3日目の手紙、お母さん、もう、3通とも受け取りましたか？

パンフレットも多く、僕の説明書きも多いですが、じっくり、九州旅行を味わってくださいね。

お母さんも、一緒に旅行をしているんですよ！）


僕とミーちゃんは7時30分にホテルを出発し、長崎平和公園を訪れました。

平和記念像の前では、沢山の人が手を合わせていました。また、千羽鶴もいっぱい、かけてありました。僕も、平和の祈りと願いを、気持ちを引き締めて、念じました。

その後、長崎県から福岡県へと、長崎自動車道と九州自動車道を走りました。

この間、町並みと山々の景色がのどかで、とても良かったです。

そして、2つの高速道路を乗り継ぎ、約100キロ離れた福岡県の太宰府天満宮《だざいふてんまんぐう》を訪れました。参道から天満宮まで、お土産店や、レストラン、お店がいっぱいで、たくさんの参拝客でにぎわっていました。僕とミーちゃんは、手をつなぎ、〝過去・現在・未来の橋〟を渡り、天満宮の本殿で、お母さんの健康と長生き、そして、左手が動きますように！　と、いっぱいお祈りをしました。そして、おみくじを引いたら、〝大吉〟で、〝願い事がかなうでしょう〟と、書いてありました。2年前の12月の時も、大当たり、大吉でした！

お母さん、この天満宮のおみくじを持って行きますよ。楽しみに待っていてくださいね。お母さんは、大吉ですよ！

お昼は、太宰府天満宮のレストランでいただきました。そして再び、お母さんのことを思いながら、境内《けいだい》を散策しました。本当に素晴らしい太宰府天満宮です！

その後、福岡空港へ行き、九州を離陸しました。

福岡空港14：00↓JAL318便↓羽田空港15：30
羽田空港に午後3時30分、そして家に4時30分に到着しました。

本当に素晴らしい旅行でした！　お天気に恵まれ、山の景色も、紅葉も、そして九州の町並みも、名所も、ホテルも、食事も、みんな良かったです。

それに、お母さんの健康と長生きを、いっぱい、いっぱい、お祈りしましたよ。

お母さんは、大吉！　そして、一等賞です。

12月18日（火）のお昼ごろ、お母さんの施設に着く予定です。ミーちゃんも一緒です！

お母さんには、お土産《みやげ》がいっぱい！　楽しみに待っていてくださいね。　けんじ＋ミーちゃん

お母さんへ！

平成25年1月25日　東京より

お母さんへ

今日、お母さんに笑顔で昼食を食べてもらい、うれしかったです。お母さんは、いつも、完食です！

その後、僕は新幹線に乗り、東京に帰ってきました。

東京駅は、たくさんの人で、混雑していました。きっと、週末の始まる金曜日だからかもしれませんね。すぐに乗り換えて、父親の介護施設へ行きました。

〝3時のおやつ〟には、大好きな〝たい焼き〟を持っていきました。とても喜んでくれました。

そして、いつものように、顔と手と足を入念に拭きました、鼻や目や耳も、ひげ剃りもしました。

また、話す練習もしました。ここ最近、体調が良く、新聞を読んだり、テレビを見たり、毎日元気にしていますよ、と看護師さんが言っていました。

夕方6時過ぎに、家に帰ってきました。

お母さんは、元気ですか？

食事をしっかり、水分補給もしっかり、それに、左手を動かしてくださいね。

僕は今、夕食を終え、モーツァルトのクラリネット・コンチェルトを聴きながら、フランスのワインを味わっているところです。そして、明日からの事を考えています。

明日1月26日（土）から、10日間、ミーちゃんとトルコを旅行します。西洋文明とアジア文明の、その境にある国で、イスタンブールの町が有名です。日本からトルコのイスタンブールまで、直行便で、12時間30分です。時差はマイナス6時間です。飛行機では、のんびり、ゆったり、空の旅を楽しむつもりです。詳しいことは、パンフレットを見てくださいね。

トルコの国から絵はがきや手紙を出そうと思っていましたが、場所によっては7日以上もかかるとの事、それゆえ、この手紙とパンフレットだけで、失礼します。

飛行機も快適。ホテルも、すべて5つ星ホテル。食事も、朝食・昼食・夕食と、すべて、付いています。また、観光も充実していて、バスもＶＩＰバスで、快適です。

飛行機に乗って、トルコへ行き、10日間、5つの世界遺産をめぐったり、町並みや景色、食事などを味わったり、心ゆくまで楽しんできます。そして、日本帰国の翌日、お母さんの所に帰ります。お母さん、おみやげを楽しみに待っていてくださいね。

明日、1月26日（土）、成田空港を11時55分に出発します。12時間30分の空の旅、そして、トルコのイスタンブールに、時差がマイナス6時間なので、夕方の6時25分に到着予定です。それでは、行ってきま～す！

けんじ

お母さん、お元気ですか？　ミーちゃんでーす。

ケンちゃんと一緒に、トルコへ行きます。お土産を、いっぱい買ってきますからね！

楽しみに待っていてくださいね！

ミーちゃんより

平成25年3月4日　東京より

お母さんへ

昨日3月3日、お母さんに笑顔で昼食を食べてもらい、うれしかったです。お母さんは、いつも、完食です！

その後、僕は新幹線に乗り、東京に帰ってきました。

東京駅は、たくさんの人で、身動きができないほど、混雑していました。週末の日曜日だからかもしれませんね。

お母さんは、元気ですか？　しっかり食事して、お茶も飲んでくださいね！

この日、3月3日、ミーちゃんと銀座で待ち合わせ、そして、銀座の町を散策しました。町は活気があり、にぎやかで、楽しかったです。日本橋にも足を伸ばし、百貨店で、お母さんのブラウスを買いました。ミーちゃんが選んでくれました。春を感じる、さわやかで上品なブラウスです。お母さん、楽しみに待っていてくださいね。

また、ミーちゃんにも、本真珠《ほんしんじゅ》のネックレス、クイーンサイズとプリンセスサイズの2本を買いました。品質保証書も付いて豪華な宝石箱に入っています。ミーちゃんはとても喜びました。

夕食は銀座の、いつものフレンチ・レストランで、フランス料理のフルコース…と考えていましたが、すぐそばの、ステーキレストラン〝エリュシオン〟で、特選神戸《こうべ》牛ステーキのフルコースを味わいました。オードブル、前菜、サラダ、サーロイン・ステーキ、デザートと、どれもみな、おいしかったです。ワインは、フランスのボルドーのサンテミリオン赤を味わいました。食事も雰囲気も、素晴らしく良かったです。

今日、3月4日は月曜日、午前中、父親の介護施設へ行きました。風邪などひかず、元気でした。最近は食欲があり、〝食事が楽しみだ！〟と、ニコニコしていました。そして、いつものように、顔と手と足を入念に拭きました、鼻や目や耳も、ひげ剃りもしました。
また、話す練習もしました。その後、テレビを見たり、お絵描きをしたり、日記を書いたりしました。

ミーちゃんは、月曜日で仕事、会社のショールームで働いています。いつも会社の顔、そして、お客さん対応です。また、会社の制服が、おしゃれで、可愛いです。今日、写真を撮りました。帰ったら持って行くので、見てくださいね。

さて、明日、3月5日火曜日は、区役所で、介護保険にかかわる手続きを2つしなければなりません。いつも手続きをしているので、何の苦労もありません。

3月6日以降は、ミーちゃんが休みをとったので旅行に行くつもりです。富士山周遊の旅、箱根の温泉、山梨県のうまいものめぐり、千葉県の房総半島、早春の花めぐりの旅を考えています。
また、東京の下町めぐりも、楽しいかもしれませんね。

それでは、お母さん、また書きます。3月12日の昼ごろ、お母さんの所に帰ります。
お母さん、上品でさわやかなブラウス、待っていてくださいね。

けんじ

富士山・箱根、花めぐりの旅　第1日目
平成25年3月6日

お母さんへ

お母さんは、元気ですか？　しっかり食事して、水分補給もしてくださいね。それに、左手をたくさん動かしてくださいね！

僕は、朝食を済ませ、準備もできました。これから『富士山・箱根、花めぐりの旅』へ出発します。朝9時の東京の気温は9度ちょうど、少々寒いです。

天気予報では、今日は、〝良いお天気〟とのこと、それでは、これから行ってきま～す。


お母さんは、元気ですか？

しっかり食事して、お茶も飲んでくださいね。

僕は今、富士山の旅に参加しています。

青い空、ふわふわの白い雲、太陽は暖かく、富士山はピカピカに輝いています。

富士山は、半分以上、雪化粧をして、とてもきれいです。

富士五湖を周遊し、山中湖《やまなかこ》、河口湖《かわぐちこ》、西湖《さいこ》、そして本栖湖《もとすこ》、精進湖《しょうじこ》も、きれいでした。

そうそう、一番初めに訪れたのは、富士浅間神社《ふじせんげんじんじゃ》で、お母さんの健康と長生き、それに左手が動きますように！　と、いっぱいお祈りしました。その後、河口湖の『七福神《しちふくじん》めぐり』をして、お母さんの健康と長生きを、さらに、お願いしました。また、赤、青、黄色、白、ピンクの小さな花が、あちこちで咲《さ》き始め、きれいでした。

食事がおいしかった！　また、温泉にも、入ってきました。富士山を眺めながらの温泉は、最高に、良かったですよ！

お天気が良かったので、景色が、最高に素晴らしかったです！

同封のパンフレットを見てくださいね。ここで食事をし、温泉に入りました。

今夜は、富士山のふもとで、温泉に入り、おいしいものを食べます。

けんじ＋ミーちゃん

旅行第2日目、平成25年3月7日。

今、朝食を終え、出発準備万端《ばんたん》整いました。

今日も良いお天気！　富士山がきれいです！

これから富士山にお別れを言い、箱根へと向かいます。

今日もお天気で、太陽が輝き、暖かいです。

大型観光バスは山の中を進み、景色は、最高に素晴らしいです。今日は、箱根の芦ノ湖《あしのこ》をめぐり、強羅《ごうら》の温泉旅館で、ゆっくり、のんびり、する予定です。パンフレットを見てくださいね。

明日、東京に帰ります。

お母さんの健康と長生きを、いっぱい、お祈りしましたよ。

けんじ＋ミーちゃん

山陰《さんいん》・山陽《さんよう》3日間の旅　第1日目
平成25年4月11日　グランド・プリンスホテルより

お母さんへ

お母さんは、元気ですか？　しっかり食事して、お茶も飲んでくださいね。

僕は今、広島に来ています！

今日から3日間、山陰《さんいん》・山陽《さんよう》の旅をします。ミーちゃんも一緒です！

旅のタイトルは、〝安芸《あき》の宮島《みやじま》・萩城下町《はぎじょうかまち》・津和野《つわの》・尾道《おのみち》3日間〟です。

〝世界遺産《せかいいさん》、安芸《あき》の宮島《みやじま》・厳島神社《いつくしまじんじゃ》〟をはじめ、萩《はぎ》の町、津和野《つわの》の町、松陰神社《しょういんじんじゃ》、秋吉台《あきよしだい》、広島県、山口県、島根県、を観光します。


今日は旅行の第1日目、羽田空港を10時45分に出発し、岡山空港に12時05分に到着しました。

南アルプスも中央アルプスも雪の帽子をかぶり、きれいでした。

また、スチュワーデスの女性が、〝お母様によろしくお伝えください！〟と言い、飛行機の絵はがきと飛行機グッズをくれました。お母さんは元気ですか？

岡山空港に到着後、すぐに、倉敷《くらしき》を訪れました。そして、倉敷美観地区《びかんちく》を散策しました。

江戸時代のたたずまいと面影を残す、愛らしい町でした。

次に広島県に入り、尾道を訪れました。この町は、『文学のこみち』と呼ばれ、自然石に刻まれた25の文学碑《ひ》が続く小道が有名です。また、瀬戸内海の多島美《たとうび》を満喫できる千光寺《せんこうじ》公園からの景色は、何とも素晴らしいものでした。

公園入口のお店で、だんごを食べ、お店の御主人といろいろ話しました。楽しかったです。

その後、広島市内に入り、広島駅前で、お好み焼きを食べました。お好み焼きに焼きそばが入っているんですよ。お母さんは知っていましたか？

ボリューム満点で、美味しかったです。

いま、今宵《こよい》のホテル、〝グランド・プリンスホテル広島〟に到着しました。僕の大好きなホテルで、大きく立派です。パンフレットを見てくださいね。

その後、温泉大浴場へ行き、のんびり、ゆったり、してきました。とてもいい温泉でした！

今、部屋に帰ってきて、フランスのメドック・ワインを味わいながら、大きな窓より瀬戸内海を眺めています。本当に、のどかで、素晴らしい景色です。

今、横でミーちゃんが、〝今度は、お母さんと一緒に旅行がしたいわ！〟と言っています。お母さん、いいですか？　ミーちゃんはお母さんのことが、大好きです。

今日、千光寺で、お母さんの健康と長生きを、いっぱい、お願いしましたよ。

けんじ＋ミーちゃん

山陰《さんいん》・山陽《さんよう》3日間の旅　第2日目
平成25年4月12日　萩《はぎ》グランドホテル天空より

お母さんへ

お母さん、元気ですか？

しっかり朝食、昼食、夕食を食べてくださいね！　それに水分補給も忘れないでくださいね。

それにもう一つ！　左手を動かしてくださいね。頼みますよ！


僕とミーちゃんは、山陰《さんいん》・山陽《さんよう》の旅に来ています。今、グランド・プリンスホテル広島に来ています。これから、朝食です。食べに行ってきます。

いま、食べてきました。23階からの景色を眺めながらの朝食は、格別に美味しかったです。


今日は朝8時にホテルを出発し、世界遺産の〝安芸《あき》の宮島《みやじま》・厳島《いつくしま》神社〟を訪れました。

宮島口からフェリーで、安芸の宮島へ…。景色が素晴らしかったです！

そして2時間30分、安芸の宮島を散策しました。

日本三大弁財天の大願寺や五重塔も見学しました。また、宮島と瀬戸内海の絶景を、心ゆくまで満喫しました。本当に素晴らしかったです！　パンフレットを見てくださいね。

昼食は、焼きガキとアナゴ丼を食べました。おいしかったです！

今日もたくさんの観光客でいっぱいでした。

その後、広島県から島根県へとバスは進み、津和野《つわの》を訪れました。

この津和野の町は、山陰の小京都と呼ばれ、なまこ塀《べい》と掘割《ほりわり》に泳ぐ鯉《こい》が有名で、殿町《とのまち》散策が楽しかったです。また、２軒の造り酒屋に立ち寄り、地元のお酒を味わってきました。

それに、おみやげとして、２本買いました（一升瓶ではなく、ワンカップのお酒です）。

次に、山口県の萩《はぎ》の町を訪れました。バスは、村田蒲鉾《かまぼこ》店の前で止まりました。

すると、お店の人がバスに乗り込み、蒲鉾のことや、お店のことを説明してくれました。

お店は大きくて立派、そして、きれい！　店内で早速、試食しました。どれもみんな、美味しかった！　今夜のおつまみに、ワサビと明太子の蒲鉾を買いました。

その後、松陰神社《しょういんじんじゃ》を訪れ、バスガイドさんの説明を聞きながら、約30分、大きな神社を歩きました。そして今、萩グランドホテル天空に着きました。

今日の夕食は、山口名物のフグの会席料理です。今から楽しみです。

その前に、温泉に入ってきます。

今日、世界遺産の〝安芸《あき》の宮島《みやじま》・厳島《いつくしま》神社〟で、お母さんの健康と長生きを、いっぱい、いっぱいお祈りしてきましたよ！

けんじ＋ミーちゃん

山陰《さんいん》・山陽《さんよう》3日間の旅　第3日目
平成25年4月13日　萩《はぎ》グランドホテル天空より

お母さんへ

お母さん、元気ですか？　しっかり食事して、しっかりお茶も飲んでくださいね！　それに、足と左手のリハビリも、頑張ってくださいね。


今日は旅行3日目です。

ミーちゃんと今、朝ご飯を食べてきたところです。おいしかったです。

今日の観光も、盛りだくさんです。

まず、萩《はぎ》の城下町を散策します。日本国有鉄道、国鉄、今のJRの広告で、吉永小百合さんが武家屋敷の白い壁の前で映っている、あの有名なところです。それに前回の旅行で、可愛いワンちゃんと知り合ったところです。今日はワンちゃん、いるかなぁ？

お母さんは、いると思いますか、それとも、いないと思いますか？　後で報告しますので、楽しみにしていてくださいね。それでは旅行3日目、行ってきまーす！


お母さん、ワンちゃんがいましたよ！　すごい喜びようでした。

バイクと自転車のお店につながれているワンちゃん。ミーちゃんが近づいていくと、初め、きょとんとした表情で、ガラス戸越しに見ていました。少しすると、急に立ち上がり、ミーちゃんを見て、ニッコニコ！　そして右前足で、ガラス戸を5センチ開け、そして鼻を入れ、頭を入れ、ガラス戸を開け、外に出てきました。ワンちゃんは、うれしくて、うれしくて、何回もぐるぐる回ったり、しっぽが取れそうなほど、高速に回転していました。そして〝わん！〟と吠え、ニコニコの表情でミーちゃんを見つめました。ミーちゃんは、ワンちゃんの頭を撫でながら、〝私のこと、覚えてくれていたのね。ありがとう！〟と言い、さらに撫でてあげました。僕はこのとき、本当にビックリしました。そしてミーちゃんは、〝また来るからね！〟と言い、バスの集合場所へ…。ワンちゃんは、つながれているロープが切れそうなほど、引っ張って、引っ張ってミーちゃんの所へ行こうとしました。ミーちゃんは、少々、涙目になりました。

お母さん、これは本当なんですよ。写真を撮ったので、今度、持っていきます。

次に、山口県の北西部、長門市にある仙崎《せんざき》へと向かいました。

バスガイドさんは、童謡詩人の〝金子みすゞ〟さんのことを説明してくれました。彼女は、あらゆるものに命を見出し、優しさをたたえた童謡詩人だと。そしてその優しさいっぱいの童謡を、いくつも紹介してくれました。僕もミーちゃんも、心底、感動しました。

そして青海島で、観光遊覧船に乗りました。胸がドキドキするほど、素晴らしかったです。

次に秋吉台を訪れ、秋吉台科学博物館を見学しました。とても興味深かったです。

その後、山口県下関市、関門海峡壇ノ浦を見渡す小山の中腹にある赤間神宮を訪れました。歴史的に有名で、立派な神宮です。

けんじ＋ミーちゃん

そして、関門海峡《かんもんかいきょう》・壇ノ浦《だんのうら》古戦場《こせんじょう》跡（源平《げんぺい》、最後の合戦が行われた場所）を訪れ、山口宇部《やまぐちうべ》空港を19時15分発、羽田空港に20時45分、到着しました。すごい旅行だった。

平成25年4月15日　東京より

お母さんへ

お母さんは元気ですか？

しっかり食べて、水分補給も忘れないでくださいね。それに左手を動かしてくださいね。

山陰《さんいん》・山陽《さんよう》の旅は、本当に見どころいっぱいで、楽しかったです。

ワンちゃんの写真を同封します。可愛いでしょ？　ミーちゃんとワンちゃんの一緒の写真も微笑ましいですね。

お母さんに、いっぱい、おみやげを買ったので、楽しみに待っていてくださいね。

そうそう、この旅行で山陰の小京都と呼ばれている津和野のおみやげ店で〝山陰地方の民話〟という本を買いました。
①おとんじょろ狐《きつね》
②因幡《いなば》の白うさぎ
③打吹山《うつぶきやま》の天女《てんにょ》
④宝下駄《たからげた》
②の〝因幡の白うさぎ〟は、とても有名なお話で、僕が小さい頃、お母さんが話してくれたことを、今でも覚えています。

それに④の〝宝下駄〟は、とても、うらやましいお話です。下駄をはいて転ぶと、小判《こばん》が出るんです。いいですねー！　僕も、こんな下駄が欲しいです。

その他、全8話、挿絵《さしえ》もキレイですよ。お母さん、この本を持って行きます。楽しみに待っていてくださいね。

さて、今日4月15日（月）は、午前中ミーちゃんと父親の施設へ行きました。父は元気でした！　それに、ニコニコしてミーちゃんと、話していました。よかった！

その後、僕とミーちゃんは、お昼を食べに、銀座へ行きました。

かに道楽で、かに会席料理を味わいました。おいしかったです。ミーちゃんは、エビとカニが大好きです！

ミーちゃんは、また言っています、〝お母さんと一緒に、カニを食べたいわ〟と。

お母さん、いいですか？　ミーちゃんはお母さんのことが大好きです！

さて、明日からの予定です…。

4月16日火曜日は、東京の下町を散策し、向島百花園《むこうじまひゃっかえん》で、花めぐりをします。

4月17日水曜日は、山梨県と静岡県にまたがる富士山をドライブする予定です。

4月19日金曜日のお昼頃、お母さんの所へ帰ります。お母さん、待っていてくださいね。

けんじ＋ミーちゃん

平成25年5月15日　東京より

お母さんへ

今日、お母さんに笑顔で昼食を食べてもらい、うれしかったです。お母さんは、いつも、完食です！

お母さんの昼食の後、僕は東京に帰ってきました。

すぐに、父親の介護施設へ直行しました。今日は急いでいたので、おやつを、忘れました。そして、いつものように顔と手と足を入念に拭きました。体調は良く、色々な話をしました。

〝夕食の時間です…〟と、介護スタッフさんの声。僕は施設を後にしました。

そして、駅前の焼肉レストランに入り、牛カルビの炭焼きと、牛スジの煮込みを食べました。とてもおいしかったです。ミーちゃんも、大満足でした。

その後、商店街を散策し、家に帰って来ました。

さて、僕は明日から、4日間、北海道を旅行します。旅のタイトルはとても長く〝春の北海道、プレミアム・リゾートの旅　この時期だけしか見られない!!　東《ひがし》藻《も》琴桜《ことさくら》・知床《しれとこ》と富良野《ふらの》・美《び》瑛《えい》・釧路《くしろ》湿原《しつげん》4日間の旅〟です。

朝10時に羽田空港を出発し、北海道へ11時30分到着予定です。

北海道の大自然と、たくさんの動物に出会えたらいいなぁ～、と思っています。

訪れる予定地は、知床半島国立公園《しれとこはんとう》のオシンコシンの滝《たき》、オホーツク海を望む町網走《あばしり》、小樽《おたる》、富良野《ふらの》、美瑛《びえい》、青い池、白ひげの滝、層雲峡《そううんきょう》、釧路湿原国立公園《くしろしつげんこくりつこうえん》、阿寒湖《あかんこ》。

そして北海道の動物、キタキツネ、エゾリス、エゾシカにも会えたらいいですね。

今度はクマに会えるかも？　でも、怖いです…。

ミーちゃんは、〝私、怖くないわ。反対に、わくわくしているの〟と、言っています。

また、芝桜を初め、たくさんの美しい花々と再会できたら、うれしく思います。

今回の北海道旅行、景色と温泉と、美味しいものを心ゆくまで味わってきます。

お母さん、おみやげを、楽しみに待っていてくださいね！

けんじ
お母さん、お元気ですか？

ミーちゃんです！

ケンちゃんと一緒に北海道を旅行してきます。

お土産を、楽しみに待っていてくださいね。

ミーちゃんより

春の北海道、プレミアム・リゾートの旅　第1日目
平成25年5月16日　定山渓《じょうざんけい》温泉にて

お母さんへ

お母さんは、元気ですか？　僕は今、北海道に来ています！

羽田空港を10時に出発し、飛行機は東京湾を、ぐるりと周遊し、房総半島を横切り、太平洋に出ました。高度を少しずつ上げながら、千葉県、茨城県の海岸線上を飛行しました。そして雲の上へ。空は真っ青！　太陽がピカピカです。機内でミーちゃんと、乾杯しました。また、スチュワーデスの女性がとても親切で、お母様へよろしくお伝えください、と言い、絵はがきをくれました、3枚も。

とても快適な空の旅でした。そして、北海道の新千歳《しんちとせ》空港に11時35分に到着しました。

お天気は快晴、気温は17度、さわやかで、すがすがしいです！

新千歳空港より高速道路を走り、右に左に草原や山々の景色を、心ゆくまで満喫《まんきつ》しました。春の〝花いっぱい！〟の景色が本当に素晴らしかったです！

バスは、大正ロマンただよう運河と港町で有名な小樽《おたる》に到着しました。

町は明るく、観光客がいっぱい！　それに修学旅行の生徒さんもいっぱいでした。

小樽の町を散策していると、お腹がすき、おすし屋さんで〝特上のお寿司〟をいただきました。散策も楽しかった。それに、新鮮なお寿司は、おいしかったです！

その後、定山渓温泉へと周遊してきました。今日はバスで、130キロ、走行しました。

ここ定山渓温泉は、明治の初め、越前の僧侶、美《み》泉《いずみ》 定山《じょうざん》が開いた温泉リゾートです。豊かな自然に囲まれ、〝札幌の奥座敷〟と呼ばれています。

午後5時10分、ホテルに到着しました。このホテルは、森林に囲まれた露天風呂が有名で、部屋も、広く、清潔、そして、窓からの森林の景色が、素晴らしいです。それでは、これから温泉に入ってきま～す！


今、温泉から帰ってきました。とても開放感のある、まさに森林の露天風呂で、良かったですよ！　パンフレットを見てくださいね。

さて、これから夕食です。地元の牛肉と海の幸を使った〝特選会席料理〟のフルコースを味わいます。それでは行ってきま～す。

今、ホテルのレストランで食べてきました。牛肉のしゃぶしゃぶも、お刺身の盛り合わせも、みんなおいしかったです！　本当に見るからにきれいで、おいしかった！

日も暮れ、星が輝く夜空は、神秘的で美しいです！

今、お母さんの健康と長生きを、お星さんにお願いしました！

けんじ＋ミーちゃん

お母さんは、元気ですか？　しっかり食べて、水分補給も忘れないでくださいね。

春の北海道、プレミアム・リゾートの旅　第2日目
平成25年5月17日　層雲峡《そううんきょう》温泉にて

お母さんへ

朝5時に目が覚めました。すぐに温泉大浴場へ行き、ゆったり、のんびり、温泉に入ってきました。朝の温泉は、本当にいいですね！〝生きていて、良かった！〟と感じます。

朝食は6時50分から和食・洋食・中国料理の豪華バイキング！

いろいろ、たくさん食べました。どれも、見るからにきれいで、おいしかったです！

朝からお腹いっぱい食べました、大満足です！

ところで、お母さんは、元気ですか？　しっかり食事して、お茶も飲んでくださいね。


今日は、朝7時30分にホテルを出発しました。そして、北海道の中央に位置する〝花の町、富良野《ふらの》〟を訪れました。この富良野の町は、十勝岳《とかちだけ》が眼の前に広がる花の町です。さっそく、〝ファーム富田〟で、色鮮やかな花が咲く人気のフラワーガーデンを訪れました。赤・白・黄色の花々が、まるで、ジュウタンのように一面に咲き誇り、びっくりするほどきれいでした。その後、おみやげ店で、玉ネギのスープと、メロンのウエハースを買いました。前回買って、美味しかったので…。お母さん、期待して、待っていてくださいね。

今日もお天気が良く、太陽が輝き、空は真っ青です！

お昼は、〝想いでのふらの〟で、本場のジンギスカンを味わいました。ミーちゃんと顔を見ながら羊の肉をジュージューと焼き、ニコニコしながらいただきました。おいしかった！

その後、美瑛・四季彩の丘、拓真館、十勝展望台、白ひげの滝、美瑛・青い池を訪れました。

青い池は、ただ今、工事中でした。これから多くの観光客に来てもらえるように、池の周りをコンクリートで固めたり、周りの竹林？　や、草木を伐採していました。

それに、拓真館では前田真三氏の作品ギャラリーを拝見しました。どれもみんな力作で、風景画が素晴らしかったです！


そして今、層雲峡観光ホテルに到着しました。今日のバス走行距離は、３７５キロでした。

今日、山も、草原も、花も、みんなきれいでした！

夕食は〝毛ガニ・一杯付きの特選会席料理〟のフルコースで、見るからにきれいで、どれもおいしかったです！　ミーちゃんの毛ガニは、僕が食べやすいようにしました。ミーちゃんと、ニコニコしながら、全部、いただきました。おいしかった！

今日一日、太陽が輝き、みんなピカピカでした。お母さんは、元気ですか？

しっかり食事して、お茶も飲んでくださいね。

けんじ＋ミーちゃん

春の北海道、プレミアム・リゾートの旅　第3日目
平成25年5月18日　層雲峡《そううんきょう》温泉より阿寒湖《あかんこ》温泉リゾートへ

お母さんへ

僕は今、層雲峡《そううんきょう》温泉に泊まっています。朝5時に目が覚め、温泉大浴場へ行き、のんびり、ゆったり、入ってきました。朝の温泉は格別！　とても良かったです！

朝食は6時から、豪華バイキングです。いっぱい食べました！　おいしかったです。

お母さんは、元気ですか？　しっかり食事して、お茶も飲んでくださいね。

今日は朝食後、銀河流星《ぎんがりゅうせい》の滝を観光しました。早朝は少々肌寒かったですが、太陽が輝き、さわやかで暖かい日和《ひより》になりました。

その後、オホーツク海を目指して、大きな大地を北上しました。

網走《あばしり》海鮮市場でトイレ休憩と買い物をしました（おみやげに昆布《こんぶ》を買いました）。

そしてバスは世界遺産の知床《しれとこ》半島に入り、プユニ岬《みさき》を車窓から眺《なが》め、知床《しれとこ》五湖・高架木道《こうかもくどう》展望台を訪れました。この展望台からは、原生林に囲まれた幻想的《げんそうてき》な風景を望めます。

約30分右を見たり、左を見たり、深呼吸をしたり、と、気持ちの良い散歩でした。景色が最高でした！

その後バスは、山を下り、海辺のオロンコ岩を、車窓から眺め、オシンコシンの滝に向かいました。

オシンコシンの滝は、いつ見ても、女性的で、優しい滝です。

また、〝オロンコ岩〞は、火山灰でできた岩山で、オホーツクの海と岩山の景色を楽しみました。それに、有名な〝知床旅情〞の歌碑《かひ》がありました。森繁久彌《もりしげひさや》さんですよ！

その後、この時期にしか見られない、〝東藻琴《ひがしもこと》の芝桜《しばざくら》〞を見てきました。広大な丘に、ピンクの絨毯《じゅうたん》！　とてもきれいでした。パンフレットを見てくださいね。

そして今、原生林に囲まれた静寂《せいじゃく》の湖、〝阿寒湖《あかんこ》〞の温泉リゾートに到着しました。すぐに、ホテル自慢の温泉に入ってきました。とても素晴らしい温泉でした！　パンフレットを見てくださいね。それに豪華な夕食、もったいないくらい、おいしかったです！

今日も、北海道の大自然を心ゆくまで満喫《まんきつ》しました。そして、山と湖の神様に、お母さんの健康と長生きを、いっぱいお祈りしてきました！！！

けんじ＋ミーちゃん

春の北海道、プレミアム・リゾートの旅　第4日目
平成25年5月19日　阿寒湖《あかんこ》温泉リゾートにて

お母さんへ

朝4時50分に目が覚めました。すぐに温泉大浴場へ行き、ゆったり、のんびり、温泉に入ってきました。朝の温泉は、本当にいいですね。〝生きていて、良かった！〟と感じます。

朝食は7時から豪華バイキング！　いろいろ、たくさん食べました。どれも、おいしかったです！　朝からお腹いっぱい食べました、大満足です！

ところで、お母さんは、元気ですか？　しっかり食事して、お茶も飲んでくださいね。

北海道旅行、今日は4日目です。毎日お天気に恵まれ、今日も〝晴れ〟との天気予報です。今日の予定は、日本最大の釧路湿原《くしろしつげん》を訪れ、阿寒湖《あかんこ》にある阪急《はんきゅう》オリジナル農園でジャガイモの苗植え体験をし、昼食を食べて、十勝《とかち》平野をドライブし、とかち帯広空港から飛行機に乗り、東京に帰ります。

朝8時30分に、阿寒湖《あかんこ》のリゾートホテルを出発し、周辺をドライブしました。太陽が輝き、木々の色、山の緑が鮮やかで、とてもきれいでした。春の色は、やさしくて、きれいですね！

そして、釧路湿原《くしろしつげん》を訪れ、北斗《ほくと》展望台で国の天然記念物の丹頂鶴《たんちょうづる》を見ました。

次に、阿寒湖周辺にある、阪急オリジナル農園へ行き、手袋にシャベル、そしてジャガイモの苗が入ったバケツをもらって、区分けされた、農園に入りました。そして、ジャガイモの苗植えをしました。切り口や、芽の位置と、土のかぶせ方が、難しかったです。

また、秋の収穫期には、3キロのジャガイモが送られてくる…、と言うことで、郵便局の、〝ゆうパック〟の伝票に、お届け先として、僕とミーちゃんの住所と名前を書きました。

あ〜、今から楽しみです！

今日、植えたばかりですが、早く、僕とミーちゃんのジャガイモの顔が見たいものです。


その後、〝赤いベレー〟と言うお店でお昼を食べ、十勝平野をドライブしました。

途中、清水ドライブインで、トイレ休憩をしました。

そして今、とかち帯広空港に到着し、書いているところです。これから、北海道を離陸します。

今日のバス走行距離は、355キロでした。昨日は、375キロでした。

この4日間、お母さんの健康と長生きを、いっぱいお祈りしましたよ！！！

それに、お土産《みやげ》もいっぱいです！　お母さん、楽しみに待っていてくださいね！

けんじ

いま、横で、ミーちゃんがニコニコして言っています←。

お母さん、お元気ですか？　ミーちゃんでーす！　また会いに行きますからね！

ミー♥

平成25年6月11日　東京より

お母さんへ

今日、お母さんに笑顔で昼食を食べてもらい、うれしかったです。お母さんは、いつも、完食です！

お母さんの昼食の後、新幹線で、東京に帰ってきました。

すぐに、父親の介護施設へ直行しました。そして、いつものように顔と手と足を入念に拭きました。体調は良く、色々な話をしました（商売をしていた時のことを、いっぱい、話しました。それに、湯河原や伊豆・稲取の温泉旅行についても、いっぱい話しました）。

夕方6時過ぎ、家に帰ってきて、夕食を終えました。お刺身の盛り合わせを食べました。おいしかったです。

ところで、お母さんは、元気ですか？　しっかり食事して、お茶も飲んでくださいね。

僕は今、モーツァルトのクラリネット・コンチェルトを聴きながら、フランスのボルドーワインを味わっているところです。そして、明日からの事を考えています。

明日、6月12日水曜日と13日木曜日は、信州、サクランボ狩り食べ放題と上高地・長野県の名所を観光するツアーに参加します。パンフレットを見てくださいね。サクランボを、いっぱい食べるぞー！

6月16日は、特選ミステリーツアーに参加します。どこへ行くかは、分からないツアーですが、今から楽しみです。東京駅からバスで行ってきます。

6月18日火曜日は、山梨県のサクランボ狩り（食べ放題）と、30万本のヒナゲシと河口湖のラベンダーの旅に参加します。今から楽しみです。

6月19日水曜日は、朝食後、父親の施設へ行き、身の回りの世話をします。10時のお茶のときは、〝生菓子〟を持っていく予定です。

父のお昼の食事介助の後、僕は銀座へ行き、いつものフレンチ・レストランで、フランス料理のフルコースを味わう予定です。そして銀座・日本橋の百貨店でお母さんのブラウスを探す予定です。夕食は、家に帰る途中のお寿司屋さんで、お寿司を食べます。お母さんも、このお店でお寿司を食べたことを覚えていますか？　御茶ノ水駅《おちゃのみずえき》近くの目医者《めいしゃ》さん、眼科《がんか》で白内障の検査をした帰りに、ここでレディースランチを食べました。また、日本橋の百貨店で買い物をした後、ここで〝特選・旬《しゅん》のうまいもの御膳《ごぜん》〟を、何回か食べました。お母さんは〝おいしい、おいしい！〟と言い、ニコニコ顔でした。それに、8階のレストランからの景色も良かったですね！　お母さん、思い出しましたか？


お母さん、おみやげをいっぱい買ってきますからね。楽しみに待っていてくださいね。けんじお母さん、お元気ですか？　ミーちゃんです！　ケンちゃんと一緒に旅行に行きます。おみやげを楽しみに待っていてくださいね。また会いに行きますからね！

ミーちゃんより

平成25年6月16日　東京より

お母さんへ

昨日6月15日は、ミーちゃんと一緒に、上野広小路亭《うえのひろこうじてい》で、落語《らくご》・漫才《まんざい》・講談《こうだん》を観覧《かんらん》してきました。午前11時50分から午後4時15分まで、とても楽しかったですよ！

パンフレットを同封します。こんなにたくさんのお話を…。

僕は講談の神田紅《かんだくれない》さんが特に気に入っています。彼女、語り口が、素晴らしいんです！

ミーちゃんは、〝漫談のぴろきさん〟が、特に面白かった！ と言っています。

さて、今日6月16日は、日帰り、バスのミステリーツアーに行ってきます。

どこへ行くのか、わかりませんが、頭を働かせて、予想しながら、バスに乗ります。

お昼は、①カニしゃぶ、②カニ飯、③カニ汁のカニづくし膳。それに甘えびの食べ放題も、ついています。また、いちご狩り食べ放題も魅力的です。

それに、紅ズワイガニ1杯のお土産と、天然エビ2尾のお土産も、ついています。また、野菜のつめ放題も、おやつの食べ放題もついています。

25のお楽しみがついた、ミステリーツアー…。パンフレットを見るだけで、胸がドキドキします。それでは、これから、行ってきまーす。

バスは東京駅を出発しました。そして関越自動車道を走り、群馬県沼田インターで降り、原田農園さんに行きました。とても大きな農園で、係の人が笑顔で迎えてくれました。

ここで、いちご狩り、食べ放題。いっぱい食べました！　ミーちゃんも、いっぱい食べました。

次に場所を変え、同じ原田農園さんのお店へ行き、野菜のつめ放題、そしてりんごジュース、バウムクーヘンのおやつ。

その後、バスは関越トンネルを通り、新潟県の湯沢インターで降り、〝レストハウス越後〟で、昼食。カニづくし膳と甘えびの食べ放題、それに、甘いスイーツもアイスクリームも食べ放題！

その後、山道を登り、大源太湖《だいげんたこ》へ。ここはダム湖で、周りを森林に囲まれ、爽《さわ》やかでした。

バスは山道を下り、新潟県南東部の塩沢宿へ。ここは三国街道の宿場町として発展した町。案内人と町を散策し、お米屋さんで、おにぎりの試食。お菓子屋さんで、お饅頭《まんじゅう》の試食。ケーキ屋さんで、半熟生カステラの試食。薬屋さんで、薬茶の試飲。その他、いっぱいの、おもてなしを受けました。どうもありがとう！　そして最後に、住吉神社で参拝しました。

見るところも、食べることも、お土産も、いっぱいのバス旅行でした。

お母さん、元気ですか？　パンフレットもいっぱい同封します。

けんじ＋ミーちゃん

平成25年6月18日　東京より

お母さんへ

今日は快晴！　空は青く、本当に良いお天気です！

これから〝山梨県のサクランボ狩り（食べ放題）と、30万本のヒナゲシと河口湖のラベンダーの旅〟に行ってきます。山岳ドライブも楽しみです。きっと、景色がいいだろうなぁ～！　それに、サクランボ狩り30分食べ放題なので、今から楽しみです。いっぱい、食べてきます！

ところで、お母さんは、元気ですか？　しっかり食事して、お茶も飲んでくださいね。

バスは東京駅を7時40分に出発し、中央自動車道で山梨県へと進みました。

笹子《ささご》トンネルを通り、笹一《ささいち》酒造に到着しました。すぐに酒蔵を見学しました。そして、ワインの試飲をしたり、おみやげを買ったり…、楽しかったです（甲州名物の〝アワビの煮貝〟を買って、バスの中で食べられるようにスライスしてもらいました。それに、山梨県産のサクランボのワイン？　が、美味しかったです）。

次にバスは、山梨県の御坂《みさか》にある御坂農園を訪れました。ここではトイレ休憩とお買い物。その次に訪れたのは、不思議な金属のトルマリン工房。このトルマリンは、微量の電気を放出しているとのこと。とても興味深かったです。

次に、南アルプス市の農園で、サクランボ狩りの食べ放題！　僕もミーちゃんも、いっぱい食べました！　おいしかったです！　今度、お母さんに、サクランボ1パック、持っていきますからね。期待して、待っていてくださいね。

サクランボを食べて、にっこり…。

バスに乗ると、添乗員さんがお弁当を配りました（ツアー特製、鶏のモツ煮と富士桜ポークのお弁当付きです）。

お弁当の箱を開けると、〝とてもおいしそう…〟と言葉が出てしまうほど、見た目にきれいで、おいしそうでした。そして、食べました。やっぱり、おいしかった！

その後、うとうとしていると、富士吉田のパワースポット、富士浅間神社に着きました。

お母さんの健康と長生きを、いっぱい、お願いしました。

河口湖八木崎公園で、10万株のラベンダーを鑑賞しました。富士山とラベンダーが、生きている絵画のように、きれいでした。

次に、花の都公園で、30万本のヒナゲシを鑑賞しました。ここも富士山とヒナゲシが、きれいでした。お母さんにこの素晴らしい風景を見てもらいたく、いっぱい写真を撮りました。東京で写真ができたら、この手紙と一緒に送ります。

今日一日、富士山が本当にきれいでした！　それにサクランボがおいしかったです！

お母さんには、富士浅間神社の〝長寿のお守り〟、富士山のマスコットを買いました。

楽しみに待っていてくださいね！

けんじ＋ミーちゃん
6月21日金曜日、お昼ごろ、お母さんの元へ帰ります。

平成25年7月5日　山形県の米織《よねおり》観光センターより

お母さんへ

お母さん、昨日、説明したように、僕とミーちゃんは、車で、今、山形県に来ています。朝4時20分に、車で出発しました。緑が多く、とても気持ちの良いドライブでした。この旅行、〝サクランボ狩り食べ放題と、ホテルのランチバイキング〟と、命名しました。まず初めに、東根市《ひがしねし》の農園で、サクランボ狩りをしました。〝おによめドットコム〟と言う農園ですが、女将さんも娘さんも、みんな優しく、いい人でした。

サクランボの品種は、ナポレオンと佐藤錦と、あと一種類は、…忘れました。あっ、今、思い出しました、紅秀峰《べにしゅうほう》です。どの品種のサクランボも、個性があり、美味しかったです！

ミーちゃんとサクランボの写真、何枚も撮りました。また、農園の人に、二人の写真を撮ってもらいました。サクランボ狩りを終え、帰ろうとしたら、サクランボの季節も、もう終わり、と言うことで、サクランボのおみやげを、2袋、いただきました。

サクランボが美味しかったので、もう1軒、農園を訪れ、サクランボ狩りを楽しみました。帰り際、山形名物の〝玉こんにゃく〟のおやつを、1人1本、くれました。とても美味しかったので、味付けを尋ねたら、しょう油と隠し味に〝するめ〟を入れると、コクが出て、美味しくなると、教えてもらいました。家に帰ったら、早速、作ってみます。

お昼は、山形市内の、山形国際ホテルで、ランチバイキングをいただきました。ホテルはきれいで、料理は豪華で、びっくりしました！　どの料理も見るからにきれいで、美味しかったです。またこのホテルで、食べたいわ！　とミーちゃんは、にっこりでした。

次に山形観光物産館を訪れました。

ここは山形の観光と名産品がいっぱい！　見ているだけで、楽しかったです。

お土産に、山形牛のスモークを、1本買いました。お母さん、明日、持っていきますので、食べてくださいね。すごく、美味しいんです。

次に、〝いいで・どんでん平ゆり園〟を訪れました。とても大きなゆり園で、赤、黄、白、ピンクのユリの花が、いっぱい、いっぱい、咲いていました。お花畑、というより、お花のワンダーランドと言ったほうが、いいのかもしれません。パンフレットを持っていきますね。そうそう、このパンフレットもきれいなんです！

そして今、米織《よねおり》観光センターで、書いています。

今日はお天気に恵まれ、本当に景色が素晴らしかったです。それに、サクランボが美味しかった！　山形国際ホテルのランチバイキングも美味しかった。また食べたいです！

お母さんは、元気ですか？　しっかり食事をしてくださいね。明日、ミーちゃんと一緒に、おみやげをもってお母さんの所へ行きます。待っていてくださいね。

けんじ＋ミーちゃん

平成25年7月9日　東京より

お母さんへ

昨日、お母さんに笑顔で昼食を食べてもらい、うれしかったです。お母さんは、いつも、完食です！　その後、僕は新幹線に乗り、東京に帰ってきました。

東京駅は、たくさんの人で、混雑していました。きっと、夏休みが近いからかも知れませんね。すぐに乗り換えて、駅でミーちゃんと合流し、父親の介護施設へ急行しました。

〝3時のおやつ〟には、大好きな〝たい焼き〟を持っていきました。父はにっこり、うれしそうに食べてくれました。よかった！　そして、いつものように、顔と手と足を入念に拭きました。鼻や目や耳も、ひげ剃りもしました。また、話す練習もしました。

その後、僕は施設を後に、東京の温泉銭湯に行き、夜9時過ぎに、家に帰ってきました。ミーちゃんも、元気です。温泉が、〝とても気持ちよかった！〟と、言っています。

お母さんは、元気ですか？　しっかり食事して、お茶も飲んでくださいね。


今日、7月9日（火）は、朝食後、父親の介護施設へ行き、いつものように、顔と手と足を入念に拭きました。そして、絵を描く練習をしました。体の調子も、とても良かったです。また、昔の話を、いっぱいしました。父はとても良く、覚えていましたよ。

その後、僕とミーちゃんは、お昼を食べに日本橋へ行きました。

食通の雑誌に載っていた、日本橋の割烹《かっぽう》料理店。お店は本通りから入った所にあり、7人がすでに並んでいました。20～30分して、中に入れました。お店はこぢんまりとしていますが、日本橋としての風格があります。

いい匂いがしています…。煮魚も、お刺身も、煮物も、みんなおいしかったです！

ミーちゃんが、〝今度は、お母さんと来たいわ！〟と言っています。お母さん、いいですか？

ミーちゃんは、お母さんのことが、大好きです！

今日のお天気は、太陽が輝き、さわやかで、すがすがしいです。

その後、銀座と日本橋を散策しました。たくさんの人で、賑わっていましたよ。

それに、百貨店のブティックで、いつものようにお母さんのブラウスを探しましたが、今回は、気に入るのが見つかりませんでした。次回は、買うぞー！　期待して、待っていてくださいね。

今、家に帰ってきて、モーツァルトのクラリネット・コンチェルトを聴きながら、フランスのチーズとボルドーワインを味わっているところです。そして、明日からの旅〝朝一番に上高地《かみこうち》と雲上《うんじょう》ドライブ！　乗鞍《のりくら》スカイライン、日本三大アルプスの絶景《ぜっけい》・北八ヶ岳ロープウェイ〟に、想《おも》いを廻《めぐ》らせています。夏の平均最高気温が20・2度の上高地、青い空、さわやかな空気、景色も食事も、今から楽しみです。2日間の旅行。ホテルは、Aランクの高級ホテルです。

また、お母さんには、お土産をいっぱい買ってきます！　待っていてくださいね。　けんじ
お母さん、お元気ですか？　ミーちゃんでーす！　ケンちゃんと旅行に行ってきます。

お土産を楽しみに待っていてくださいね。　ミーちゃんより

〝朝一番に上高地《かみこうち》と雲上《うんじょう》ドライブ！　乗鞍《のりくら》スカイライン、日本三大アルプスの絶景《ぜっけい》・北八ヶ岳ロープウェイ〟……とても長い旅のタイトルです！

第1日目　平成25年7月10日　東京より

お母さんへ

お母さんは、元気ですか？　しっかり食事して、お茶も忘れずに飲んでくださいね。それに、右手も左手も、動かしてくださいね。

僕は、これから、1泊2日の旅行に行きます。山紫水明《さんしすいめい》な上高地《かみこうち》、そして、乗鞍《のりくら》スカイラインの高原ドライブ、バスに乗って、景色を楽しんできます。

今日は朝から太陽が輝き、本当に良いお天気です。それでは、これから行ってきます。

もちろんミーちゃんも一緒です！

新宿を7時50分に出発して、高速道路を走り、諏訪インターで降り、大きなドライブインで買い物とトイレ休憩。この時、お昼の食事、〝釜めし〟を買いました。

そしてバスの中でいただきました。懐かしい味がしました。お母さんも、この釜めしが、好きでした。覚えていますか？　おぎのやさんの〝峠《とうげ》の釜めし〟です。

バスは、信州蓼科《たてしな》、八ヶ岳国定公園の北八ヶ岳ロープウェイ乗り場へ。

そして、ロープウェイで、標高2237メートルの山頂駅へ。

山頂駅前に広がる33万平方メートルに及ぶ広大な溶岩台地は、緑一色に、そして可愛い高山植物がいっぱいでした。パンフレットを同封しますので、その美しい景色と花を見てくださいね。

ここで2時間、景色を見ながら、散策しました。空気も新鮮で、美味しかったですよ。

その後バスは、蓼科《たてしな》のお土産店へ。そこでトイレ休憩と買い物をしました。

そしてバスは美《うつくし》ヶ原《がはら》温泉のホテル翔峰《しょうほう》へ。

ここは、温泉が自慢のホテルです。さっそく、入ってきました。とてもいい温泉でした！


これから夕食です。何が出るかな？　とても楽しみです。

いま、食べてきました。山の幸がいっぱいで、とても美味しかったです。

今日はたくさん歩いて、楽しかった。それに〝景色が素晴らしかった！〟の、ひと言です。

これから寝ます。

お母さん、おやすみなさい。

横を見ると、ミーちゃんは、もう、眠っています。いい夢を見ているのかな？

けんじ

〝朝一番に上高地《かみこうち》と雲上《うんじょう》ドライブ！　乗鞍《のりくら》スカイライン、日本三大アルプスの絶景《ぜっけい》・北八ヶ岳ロープウェイ〞……とても長い旅のタイトルです！

第2日目　平成25年7月11日　美《うつくし》ヶ原《がはら》温泉のホテル翔峰《しょうほう》より

お母さんへ

今日、7月11日（木）朝一番に、温泉に入ってきました。とても気持ち良かったです！　そして、ホテルの周辺を散策しました。山々がとてもきれいで、さわやかでした。

朝食は、和定食で、おいしかったです。お腹いっぱい、食べました！

朝8時にホテルを出発し、朝一番で、とても有名な観光地〝上高地《かみこうち》〞を訪れました。パンフレットを見てくださいね。

空気はピカピカに透き通っていて、いまだ雪が残った山々（西穂高岳2909メートル、奥穂高岳3190メートル）を見ながら、川沿いに散策しました。景色が本当に素敵でした。

今日は上高地で、3時間あるので、ゆっくり、のんびり散歩を楽しみました。

ここへ来る途中のドライブインで、お弁当を買ったので、大正池のほとりで、山々を眺めながら、梓川の清らかな流れと、澄んだ音を聞きながら、お弁当をいただきました。

おいしかったです！

そうそう、食べていると、今日もまた、カモの親子が、〝ぷいぷいぷい、ぷいぷいぷい、…〞と、鳴きながら、僕とミーちゃんの所へ、川から上がってきました。

そして、〝食べたい、食べたい！　ちょうだい、ちょうだい！〟と言っているかのように、僕とミーちゃんを見つめました。でも、自然の生態系を壊したらいけないので、何もあげませんでした。するとカモの親子は、〝ぷいぷいぷい！　ぷいぷいぷい！　…〟と、鳴きながら、川に帰っていきました。カモの親子は、可愛かったですよ！

次に訪れたのは、乗鞍岳《のりくらだけ》です。高原ドライブが、すごく良かったです！　山も木も草も、花も、みんなきれいでした。

バスは標高2702メートルの畳平《たたみだいら》駐車場へ。ここで、1時間の散策タイム。

僕とミーちゃんは、バスターミナル内を見学したり、お花畑を散策したり、このお花畑はとてもきれいでした！　そして、乗鞍本宮で、お母さんの健康と長生きを、お祈りしました。空気が凛《りん》として、身が、引き締まる思いでした。

この2日、お天気に恵まれ、ぐるりと周遊してきました。山も川も、空気も、新鮮で、ぴかぴかでした！　本当に素晴らしい旅行でした！　新宿中央郵便局にて、けんじ

お母さん、お元気ですか？　ミーちゃんでーす。旅行のお土産を、楽しみに、待っていてくださいね！　来週の7月16日、お母さんに会いに行きますからね！　ミーちゃんより

お母さんへ

平成25年7月14日　東京より

お母さん、元気ですか？　しっかり食事をしていますか？　お茶を飲んでいますか？
リハビリはどうですか？　頑張ってくださいね！

僕は今日これからミーちゃんと、日帰りバスツアーに行ってきます。
旅のタイトルは、また長〜いです！
〝初夏のご挨拶　２食付き！　お中元大謝恩ミステリー　選べるお土産セットと豚&若鶏のお肉
食べ比べ〟と言うタイトルの旅です。

そのほかに、満腹①豪華２段せいろ蒸し！　豚と若鶏のお肉食べ比べ
②そば食べ放題
③ヘルシーな15穀米のおにぎり
④エビ入りお稲荷さんの夕食弁当付き
⑤自家製デザート

充実の観光①さわやか高原ドライブと湖、牧場散策

②大人気の動物に会おう
③色とりどりの季節の花を観賞
④マイナスイオンたっぷりの滝
⑤国立公園随一の景勝地
⑥遊覧船と湖上からの眺望

満足のお持ち帰り①お菓子のつかみ取り
②選べるお土産セット：フルーツセット
：野菜セット
：お肉セット

ミステリーツアーなので、どこへ行くのか、わかりませんが、これから、行ってきまーす！

ミーちゃんも一緒に行きます。新宿を8時に出発です。

お母さんはどこへ行く、と思いますか？　湖があるところです……。高原です。

季節の花の鑑賞です。とにかく行ってきます。

けんじ

帰り、新宿中央郵便局で、手紙を出します。

7月16日、ミーちゃんと一緒に、お母さんの元へ帰ります。

平成25年8月10日　東京より

お母さんへ

昨日8月9日、お母さんに笑顔で昼食を食べてもらい、うれしかったです。お母さんは、いつも、完食です！

お母さんの昼食の後、僕は東京に帰って来ました。

東京駅は、お盆の直前と言う事で、たくさんの人で混雑していました。お土産店も、お弁当のお店も、買い物客でいっぱいでした。すぐに乗り換えて、父親の介護施設へ急行しました。

〝3時のおやつ〟には、大好きな〝水ようかん〟を持っていきました。とても喜んでくれました。

そして、いつものように、顔と手と足を入念に拭きました。鼻や目や耳も、それに、ひげ剃りもしました。また、日記を書く練習と、話す練習もしました。

夕方7時過ぎに、家に帰ってきました。

お母さんは、元気ですか？

今日、8月10日（土）は、東京の下町、僕の大好きな浅草を、ゆっくり、のんびり、散策しました。浅草の仲見世商店街は、多くの人で賑わっていました。

11時になり、浅草の有名なお店で、〝三社懐石《かいせき》料理〟を味わいました。とてもおいしかったです。このレストラン、とてもゆっくりでき、楽しく、おいしかったです。パンフレットを見てくださいね。この料理を、いただきました！

その後、カッパ橋商店街を散策しました。

カッパ橋商店街は、料理に関する、いろいろな道具を販売するお店が多く、また、食に関する調味料、スパイス、箸やナプキン…。歩くだけで、見ているだけでも、楽しい所です。

ミーちゃんも、興味津々、ニコニコして、お店を見ていました。


夕食は、午後5時30分から浅草ビューホテルの27階のフレンチ・レストランで、フランス料理のフルコースを味わいました。

今日は和食の会席料理を食べようと、ミーちゃんと話していましたが、メニュー表を見ていると、ミーちゃんが、フランス料理のほうがいい、と言うので、フランス料理にしました。

あーっ、和食の会席料理が食べたかった…。いいのです！　次回、和食を食べれば！　お母さんは、どう、思いますか？


浅草ビューホテルのフランス料理、やっぱり、美味しかったです！　素晴らしい時間でした。

メニュー表を見てくださいね。これ、みんな食べました！

今度はお母さんと一緒に食べたいわ、と、ミーちゃんが言っています。

お母さん、いいですか？　ミーちゃんは、いつも、お母さんのことばかり思っています！　それに、プレゼントを楽しみに待っていてくださいね！

けんじ＋ミーちゃん

平成25年8月12日　東京より

お母さんへ

お母さんは、元気ですか？　しっかり食事して、お茶も忘れずに飲んでくださいね。それに、右手も左手も、動かしてくださいね。

昨日8月11日、日曜日は上野広小路亭《うえのひろこうじてい》で落語《らくご》と講談《こうだん》を楽しみました。ミーちゃんは、いっぱい笑いました。とても面白かったですよ。

今日8月12日、月曜日は富士山周遊の旅に行きます。それでは、出発進行！

今日は快晴！　空は青く、本当に良いお天気です！

朝7時、富士山周遊のツアーバスに乗って新宿を出発し、中央自動車道で山梨県へ、そして河口湖インターチェンジで、高速道路を降りました。

そして富士スバルラインを通り、富士山5合目へと上がりました。今日は本当に良いお天気、富士山もうれしそうな表情をしています。

東京はうだるように暑かったですが、ここ富士山5合目はひんやりと涼しいです。

お土産店の中では、ストーブをたいています。早速、富士山神社で、〝お母さんが健康で、長生きできますように！〟と、いっぱいお祈りしてきました。それに〝長寿のお守り〟を買いました。お母さん、楽しみに待っていてくださいね！

その後、山中湖、花の都公園を訪れました。とても大きな庭園で、たくさんの花がとてもきれいでした。昼食は、甲州・味覚会席御膳《かいせきごぜん》を食べました。おいしかったです。その後、富士山の天然温泉に入りました。景色も温泉も最高に良かったです。パンフレットを見てくださいね。

その後、〝忍野八海《おしのはっかい》〟で富士山の湧き水と自然美を心ゆくまで体感しました。ここから見る富士山は本当にきれいでした！　プロのカメラマン（？）が、10人以上、カメラを固定し、富士山の写真を撮っていました。世界遺産になったので、観光客も多く、にぎわっていました。

それから、〝鳴沢氷穴《なるさわひょうけつ》〟へ行きました。まさに氷のほら穴《あな》なので、神秘的で寒かったです。パンフレットを見てくださいね。係の人が、お母さんに、小さなプレゼントをくれました。

それから富士五湖をぐるりと周遊しました。どの湖からも富士山がきれいに見えました。

そして、富士御坂《みさか》道路を通り、山梨県一宮《いちのみや》市で、名物の〝ほうとう〟を食べました。そして、インターチェンジから中央高速道路に乗り、東京へ帰ってきました。

今日一日、富士山が本当にきれいでした！　それにお昼の料理がおいしかったです！

お母さんには、お土産《みやげ》がいっぱい！　楽しみに待っていてくださいね！

けんじ

平成25年8月13日　東京より

お母さんへ

今日、8月13日（火）は、朝食後、父親の介護施設へ行き、いつものように、顔と手と足を入念に拭きました。そして鼻や目や耳も、ひげ剃りもしました。また、新聞を読んだり、広告を見たりしました。それに体調も、とても良かったです！

父のお昼の食事介助の後、安心して、お昼を食べに銀座へ行きました。電車で20分！北陸、能登《のと》半島のおいしいものが味わえる海鮮《かいせん》レストランのお店です。銀座通りにあり、今までに10回以上食べに行きました。ビルの8階にあり、とても清潔なお店です。完全個室なのでリラックスできます。ミーちゃんと一緒に、3回食べに来ました。いつも、加賀《かが》百万石《ごく》のお殿様《とのさま》御膳《ごぜん》とお姫《ひめ》様御膳を食べます。今日も食べました。おいしかったです。

今日は、太陽が輝き、すがすがしいお天気なので、東京で、花めぐりをすることにしました。歩いて15分、浜離宮《はまりきゅう》を訪れました。ずっと以前は、皇室《こうしつ》の宮内庁《くないちょう》の施設で、一般の人は、入ることはできませんでしたが、今は開放され、多くの人が、花を見たり、庭園を散策したり、楽しんでいました。

そして今、家に帰ってきて、モーツァルトのクラリネット・コンチェルトを聴きながら、フランスのチーズとボルドーワインを味わっているところです。

明日、8月14日の水曜日は、日帰りバスツアーで、山梨県を周遊してきます。
①道の駅・南きよさと
②美し森ファーム
③ワイナリー　シャトー酒折
④大日影トンネル遊歩道　　です。

今から、とても楽しみです。

今日、浜離宮で、花がとてもきれいでした！
お母さん、プレゼントを、楽しみに待っていてくださいね。

けんじ

追伸：しっかり食事して、水分補給も忘れないでくださいね！

お母さん、お元気ですか？　ミーちゃんでーす！
毎日、ケンちゃんと一緒で、幸せです。
それに、旅行したり、散策したり、美味しい物を食べたり、とても楽しいです。
おみやげを、いっぱい買いました。楽しみに待っていてくださいね。

ミーちゃんより

平成25年9月7日　東京より

お母さんへ

9月5日、お母さんに笑顔で昼食を食べてもらい、うれしかったです。お母さんは、いつも、完食です！

その後、僕は東京に帰ってきました。

すぐに父親の介護施設へ急行し、いつものように顔と手と足を入念に拭きました。体調は良く、色々な話をしました。以前、父は太っていましたが、今はスマートになりました。びっくりするほどスマートになりました。それに食欲があり、〝毎日の食事が美味しい！〟と、言っています。笑顔も素敵な、ジェントルマン（？）になりましたよ。

午後六時、僕は施設を後にし、夕食は、駅前の焼肉レストランに入り、牛カルビの炭焼きと、牛スジの煮込みを食べました。サラダの盛り合わせもおいしかったです。

お母さんは　元気ですか？　しっかり食事して、お茶も忘れずに飲んでくださいね。それに、右手も左手も、動かしてくださいね。

昨日9月6日、金曜日、午前中は父の施設へ行き、顔、手、足を拭き、なぞなぞ遊びをしました。お昼の食事介助の後、巣鴨《すがも》のお地蔵《じぞう》さんへ行きました。たくさんの人で、とてもにぎやかでした。お父さんとお母さんの健康と長生きを、いっぱいお祈りして来ましたよ！

今日9月7日は、東京の下町を散策しました。パンフレットを見てくださいね。

東京の名所を、水上バスで散策しました。さわやかで、とても良かったです。

その後、向島百花園《むこうじまひゃっかえん》で、お花を、いっぱい見てきました。赤・白・黄色、ピンク、紫と、いろいろな色の花が、きれいでした。

夕食は、ホテルで豪華に、いただきました。この日、中国料理のシェフと、フランス料理のシェフの〝コラボのフルコース〟を味わいました。

冷菜会席盛り、蟹肉とトウガンすり流しフカヒレスープ、特製釜焼き北京ダック、山梨甲州・白ワインのソルベ、グリーン・アスパラとフォアグラのソテー、蜂蜜《はちみつ》と粒《つぶ》マスタードソース、カナダ産オマールエビの鉄板焼き、貴腐《きふ》ワイン・香草《こうそう》バターソース、エビ・カニ・アワビの海鮮焼きそば、クレーム・ブリュレ自家製濃厚バニラアイス添え（メニュー表を見てくださいね）。

前菜からメイン料理まで、全七品、そして、デザート。どれも、見るからにきれいで、おいしかったです。ミーちゃんが、〝今度、お母さんと来たいわ！〟と言っています。

お母さん、いいですか？　ミーちゃんは、お母さんのことが、大好きです。

東京は、相変わらず暑いですが、水分をとり、毎日、頑張っています。お母さんもお茶を飲んで、ご飯を食べて、頑張ってくださいね。

9月14日、土曜日のお昼ごろ、お母さんの元へ帰ります。

けんじ＋ミーちゃん

平成25年9月26日　東京より

お母さんへ

　昨日9月25日、お母さんに笑顔で昼食を食べてもらい、うれしかったです。お母さんは、いつも、完食です！

　その後、僕は東京に帰ってきました。

　すぐに、父親の介護施設へ急行しました。いつものように顔と手と足を入念に拭きました。体調は良く、色々な話をしました（商売をしていた時のお得意さんや、問屋さんについて）。

　夕食になるので、僕は施設を後にし、駅前の焼肉レストランで、牛カルビの炭焼きと、牛スジの煮込みを食べました。サラダの盛り合わせも、キムチの4点盛りもいただきました。このお店、本格蔵王《ざおう》牛認定のお店で、とてもおいしかったです。

　お母さんは、元気ですか？　しっかり食事して、お茶も忘れずに飲んでくださいね。それに、右手も左手も、動かしてくださいね。

　今日9月26日（木）、これから羽田空港へ行きます。『世界遺産と南紀《なんき》周遊の旅』です。三重県と和歌山県、紀伊半島をぐるりと周遊します。お母さんも、30年前、お菓子問屋の山岡商事の招待で、紀伊半島を3泊4日、じっくり観光しました。覚えていますか？

　そして、お母さんは、那智《なち》の滝が一番良かった！　と、よく言っていました。パンフレットを同封しますので、思い起こしてくださいね。今回は、世界遺産の熊野古道《くまのこどう》、熊野三山《さんざん》、南紀《なんき》白浜、南紀勝浦《かつうら》、高野山《こうやさん》などを観光します。そして、飛行機に乗って羽田に帰ってきます。また、ホテルもAランクの特選ホテルで、大きく立派で、素晴らしく、食事も温泉も今から楽しみです。それでは、これから羽田空港へ行ってきまーす。

今、羽田空港に着きました、混んでいます。すごい人です！

羽田空港を9時30分に出発し、東京湾を一周し、千葉県上空で左へ旋回し、埼玉県上空を通り、山梨県へ、そして日本アルプスを眼下に、左手には、富士山の美しい姿が、堂々と、また、優しく微笑んでいるかのように見えました。そして飛行機は、快晴の青い空間を進みました。機内で、ミーちゃんと乾杯し、空の旅を楽しみました。

そして今、伊丹《いたみ》空港に10時35分に到着しました。お天気は快晴、気温は25度、太陽が輝いています。これから『高野山と紀伊半島周遊の旅』が始まります。

この手紙は、伊丹空港より投函《とうかん》します。お母さん、お土産《みやげ》を、楽しみに待っていてくださいね。また書きます。

けんじ

これから高野山《こうやさん》へ行き、今夜は、宿坊《しゅくぼう》に泊まります。

お母さん、お元気ですか？　ミーちゃんです。おみやげを、いっぱい、買いますからね！

高野山《こうやさん》と南紀《なんき》周遊3日間の旅　第2日目

平成25年9月27日

お母さんへ

お母さんは、元気ですか？　しっかり食事をしましたか？　水分補給は忘れないでくださいね。

僕は、今、高野山《こうやさん》に来ています。朝5時に起き、周辺を散策しました。とても清らかな思いです！

朝食は6時30分から、精進《しょうじん》料理です。おいしかったです！　昨日の夕食も、精進料理でした。

今日は、旅行の2日目、それでは、行ってきまーす！

朝、7時30分に西門院の宿坊を出発しました。お天気は快晴、青い空に太陽がピカピカと輝いています。今日も〝さわやか！〟です。

龍神《りゅうじん》スカイラインを通って、熊野本宮大社《くまのほんぐうたいしゃ》へお参《まい》りに行きました。清らかで、凛《りん》とした空気に包まれていました。そして、お母さんの健康と長生きを、いっぱい、お祈りしました。

次に、熊野速玉大社《はやたまたいしゃ》を訪れました。ここは、町の中心地にあり、のどかな空気を感じました。

そして、お母さんの健康と長生きを、いっぱい、お祈りしました。それに、お母さんの好きな、はちみつ梅干しを、買いました！　楽しみに待っていてくださいね。

次は、四重の塔《とう》と、那智《なち》の滝を訪れました。お母さんは、30年前、紀伊《きい》半島を観光し、この

『那智の滝』が、一番良かった！　素晴らしかった！　と、よく言っていました。同封のパンフレットを見てくださいね。きっと、なつかしい気持ちで、那智の滝を見ている事でしょう。

その後、和歌山県南東部、那智勝浦《なちかつうら》の町と新宮《しんぐう》の町を観光しました。昼食は、レストランで、お刺身定食を味わいました。豪華で、おいしかったです！

次に、熊野那智《なち》大社を参拝《さんぱい》しました。ここでも、お母さんの健康と長生きを、いっぱい、お祈りしましたよ。

そして、世界遺産、熊野古道を観光しました。約30分、神聖な地を散策しました。

その後、海岸線に沿って走り、有名な橋杭《はしくい》岩を見て、ホテルに到着しました。

旅行2日目のホテルはランクアップし、南紀串本《なんきくしもと》ロイヤルホテルにしました。パンフレットを見てくださいね。これから温泉に入ります。黒潮を一望する露天風呂です。そして、夕食が、楽しみです！

けんじ＋ミーちゃん

今日のバス走行距離は１８５キロでした。

世界遺産と南紀《なんき》周遊3日間の旅　第3日目
平成25年9月28日　南紀串本《なんきくしもと》温泉にて

お母さんへ

お母さんは、元気ですか？　僕は今、南紀串本《なんきくしもと》温泉に来ています。ここは、紀州《きしゅう》で一番南に位置し、海辺の町、海辺の温泉です。

朝5時に起き、温泉に、ゆったり、のんびり、入ってきました。そして、6時から朝食、今、部屋に戻ってきました。ここは紀州の名湯、南紀串本温泉、自然に恵まれ、思わず深呼吸したくなるほど、空気は新鮮です！　それに、海の音が、いいですね！

朝7時30分にホテルを出て、海を見ながら、海岸を散策しました。磯には、海の生き物がいっぱい、ワカメ、小さなカニ、小さなムール貝、フジつぼ、小さなカキも、いっぱい！　そうそう、1~2センチの小さなカキを6個食べました。石でカキを割り、海水で洗い、そして食べました。おいしかったです。ミーちゃんも笑顔！　今度来る時は、トンカチを持ってきます！

また、磯の風も気持ちよく、太陽がやさしく感じられました。

今日は旅行3日目、空は青く、さわやかなお天気です。それでは、これから行ってきます。

10時にホテルを出発し、南紀白浜へ向かいました。海の景色が、本当にきれいでした。白浜の海岸を散策していると、お昼になり、シーフードレストランに入りました。僕もミーちゃんも伊勢海老の御造りと、お刺身定食を味わいました。海の幸が、豪華で、最高に、おいしかったです！　レストランの雰囲気も良く、海を眺めながら、至福《しふく》のひと時を過ごしました。その後、有名な『三段壁』と『円月島』を見てきました。
バスは、紀伊《きい》半島の海岸線、さらに山の奥へと、周遊しました。そして今、伊丹《いたみ》空港に来ています。これから飛行機に乗って、羽田空港、東京へと帰ります。
今回の旅行、世界遺産と南紀周遊の旅3日間、ホテルも良し！　食事も良し！　観光も良し！温泉も良し！　そして、見所満載《みどころまんさい》で、楽しかったです。お母さんの大好きな『那智《なち》の滝』も見てきましたよ。それに、梅干し工場も、見学しました。
お母さんの健康と長生きを、いっぱい、いっぱい、お祈りしました。　けんじ
お母さん、お元気ですか？　ミーちゃんです。ミーちゃんも、いっぱい、いっぱい、お母さんの健康と長生きを、お祈りしましたよ！　それに、はちみつ梅干しのおみやげも!!　ミー♥
今、伊丹空港で、搭乗手続きが始まりました。これから羽田空港へ向かいます。
手紙は、羽田で投函《とうかん》します。お母さんには、お土産《みやげ》がいっぱい！　待っていてくださいね。

平成25年10月12日　東京より

お母さんへ

今日、お母さんに笑顔で昼食を食べてもらい、うれしかったです。お母さんは、いつも、完食です！

その後、僕は東京に帰ってきました。

東京駅は、たくさんの人で、混雑していました。きっと、週末の始まる土曜日だからかもしれませんね。すぐに父親の介護施設へ急行しました。〝3時のおやつ〟には、大好きな〝たい焼き〟を持っていきました。とても喜んでくれました。そして、いつものように、顔と手と足を入念に拭きました。鼻や目や耳も、ひげ剃りもしました。

ここ最近、体調が良く、新聞を読んだり、テレビを見たり、毎日元気にしていますよ、と、看護師さんと介護スタッフの人が言っていました。あー、良かった！

午後5時過ぎに施設を出て、駅前商店街を少し散策しました。そして、焼肉店（山形県の蔵王牛の認定店）で、焼肉と牛スジの煮込みを食べました。とてもおいしかったです。

お母さんは、元気ですか？　食事をしっかり、水分補給もしっかり、それに、左手を動かしてくださいね。

僕は今、モーツァルトのクラリネット・コンチェルトを聴きながら、フランスのワインを味わっているところです。そして、明日からの事を考えています。

明日10月13日（日）は、大好きな銀座と日本橋を散策するつもりです。お昼は、テレビで紹介された、岩手牛のステーキがおいしいレストランでフルコースの料理を味わう予定です。その後、銀座・日本橋の百貨店で、お母さんのブラウスを買う予定です。先月、銀行の2年定期の利息が、35万7千円あったので、その利息で、お母さんのブラウスを買います。期待して待っていてくださいね。

10月14日（月）から九州を旅行します。ミーちゃんも一緒です。

旅のタイトルは〝指宿《いぶすき》温泉と霧島温泉郷《きりしまおんせんきょう》　初めての南九州3日間〟です。

ミーちゃんの好きな高千穂《たかちほ》峡《きょう》、それに、鹿児島県の桜島も、観光します。

九州は、これからが見ごろです。今から、とても楽しみです！

それに、一泊目は〝指宿《いぶすき》温泉〟、二泊目は〝霧島《きりしま》温泉〟、と温泉三昧《ざんまい》です。

〝九州の旅、3日間〟、景色も食事も温泉も、今から楽しみです。

また、お母さんには、プレゼントをいっぱい買いますからね！

楽しみに待っていてくださいね！

それに、お母さんの健康と、長生きを、いっぱいお祈りしてきますからね！

けんじ

指宿《いぶすき》温泉と霧島温泉郷《きりしまおんせんきょう》　初めての南九州3日間　第1日目

平成25年10月14日

お母さんへ

お母さんは元気ですか？　しっかりご飯を食べて、しっかりお茶を飲んでくださいね。それに、左手を動かしてくださいね。

僕はこれから、羽田空港に行きます。ミーちゃんと、九州を旅行します。

それでは行ってきまーす！

羽田空港を7時25分に出発し、九州の宮崎空港に9時10分に到着しました。

お天気は快晴！　そんなに寒くなく、ちょうどいい！　と、言ったところです。

ツアー参加者は、大型観光バスに乗り、日南《にちなん》海岸の青島《あおしま》を訪れました。そして島内を散策し、青島神社で参拝しました。お母さんの健康と長生きを、いっぱいお祈りしましたよ！

青島へは、砂地で陸続きなので、歩いて渡れます。そして、戻って来て、レストラン兼お土産店で、鶏の照り焼き定食を食べました。とても味が良く、美味しかったです。

次に、日南海岸随一《にちなんかいがんずいいち》の展望所、太平洋を一望する絶景ポイントの堀切峠《ほりきりとうげ》へ行きました。本当に絶景でした。海も景色も大きく爽やかでした。

次に、焼酎で有名な霧島酒造を訪れました。工場内は焼酎の良い香りが漂っていました。そして実際に焼酎を作る過程を、丁寧に見学しました。〝さつまいも〟と、麹《こうじ》を大切に育《はぐく》み、本格焼酎を造っていく…。とても、勉強になりました！

その後、桜島・有村溶岩展望所で、雄大な桜島を望みました。お土産店のネコが可愛かったので、ミーちゃんとネコの写真も撮りました。

そして桜島港からフェリーで15分、鹿児島港へ。

フェリーから望む雄大な桜島と錦江湾《きんこうわん》が、素晴らしかった。

いま、指宿《いぶすき》フェニックスホテルに着きました。とても大きなホテルです。

この指宿は、名物〝砂むし風呂〟が、有名です。

特製の浴衣を着て、入ってきました。汗びっしょり！　そして、気持ちよかったです。

さあ、これから夕食です。

今日のメニューは、鹿児島産薩摩《さつま》豚のしゃぶしゃぶ付き、「薩摩会席料理」です。

それでは、これから、食べてきます。

けんじ
お母さん、お元気ですか？　ミーちゃんです！　今日、青島神社で、お母さんの健康と長生きを、いっぱい！　いっぱい！　ナムナムしましたからね！　それに、おみやげを、いっぱい買いましたからね。楽しみに待っていてくださいね。

ミーちゃんより

指宿《いぶすき》温泉と霧島温泉郷《きりしまおんせんきょう》　初めての南九州3日間　第2日目
平成25年10月15日　指宿温泉より霧島温泉郷へ

お母さんへ

お母さんは、元気ですか？　しっかり食事して、水分補給を忘れないでくださいね。

僕は、今、九州の指宿《いぶすき》温泉に来ています。朝5時に起き、すぐに露天風呂へ行き、ゆったり、のんびり、入ってきました。とても良かったです！

朝食は6時30分から、豪華バイキング、でした。おいしかったです！

朝から大満足です！

今日は、九州旅行の2日目、それでは、行ってきまーす！


朝、7時30分にホテルを出発しました。今日も青空、太陽が輝いています。

今日も〝さわやか九州〟です。

海岸道路を走り、山道を走り、九州の景色を楽しみました。バスの車窓から開聞岳《かいもんだけ》が、きれいに見えました。このあたりは、山と海の景色が美しいです、と、バスガイドさんが言っていました。本当にきれいでした。

そして、心が平和になりました。パンフレットを見てくださいね。

今日、初めに訪れたのは、釜蓋《かまふた》神社です。

この神社は、釜のふたを、頭の上にのせて参拝するという、珍しい神社です。

僕も、ミーちゃんも、やってみました。難しかったですよ！

次に訪れたのは、知覧《ちらん》です。ここは知覧武家屋敷《ぶけやしき》で有名です。町の散策もしました。

また、知覧特攻平和会館《とっこうへいわかいかん》も見学しました。戦争にかかわるものが、いっぱいありました。

次に、屋久杉《やくすぎ》工房を訪れました。職人さんが、目の前で、木を削《けず》り、お椀《わん》を作ってくれました。

杉の香りが良かったです。記念に、ポプリを買いました。

その後、かるかん・さつま揚げ工場で、試食兼買い物を楽しみました。

次に焼酎麹元《しょうちゅうこうじもと》を訪れ、次に、日本の名水百選の〝霧島山麓《きりしまさんろく》丸池湧水〟を訪れました。

そして今、霧島温泉郷の、霧島ロイヤルホテルに来ています。とても大きく立派なホテルです。

夕食は、郷土料理も味わえる40種類の和・洋・中「花霧バイキング」です。

今、食べてきました。おいしかったです。今日、釜蓋神社でお母さんの健康と長生きを、いっぱい、いっぱい！　お願いしてきました。

けんじ＋ミーちゃん

指宿《いぶすき》温泉と霧島温泉郷《きりしまおんせんきょう》　初めての南九州3日間　第3日目
平成25年10月16日　霧島ロイヤルホテルにて

お母さんへ

お母さんは、元気ですか？　しっかり食事して、お茶も飲んでくださいね。

今日は九州旅行の3日目です。僕とミーちゃんは、霧島温泉のホテルに来ています。

朝食の豪華バイキングを終え、お腹いっぱい！　今、部屋で景色を眺めながら書いています。

今日もお天気が良く、太陽がきらきら輝いています。本当に気持ちの良い朝です。

それでは、旅行3日目、これから、行ってきまーす。出発進行！


7時30分にホテルを出発し、霧島神宮を訪れました。神社は、朱塗《しゅぬ》りの社殿《しゃでん》で、大きく立派。そして境内《けいだい》からは、霧島の町が望めます。そう、ここは、町より600メートル高い、高台にあります。僕とミーちゃんは、気持ちを引き締めて、平和の祈りと願いを込めて、お祈りしました。

次に、高千穂《たかちほ》峡《きょう》にやってきました。川も渓谷《けいこく》も美しく、みんな、きれいでした！

それに、真名井《まない》の滝は、いつ見てもロマンチックで素敵でした。ミーちゃんの写真もいっぱい撮りました。約1時間、渓谷に沿って散策しました。木々の色が、赤、黄、オレンジと、太陽光線に、ピカピカと、輝いていました。パンフレットを見てくださいね。

その後、高千穂峡を後にし、天岩戸《あまのいわと》神社を訪れました。

天岩戸神社と言えば日本の神様の天照大御神《あまてらすおおみかみ》……、説明なんかいりませんね。僕よりも、お母さんのほうがよく知っていると思います。

次に訪れたのは、阿蘇《あそ》の草千里《くさせんり》（標高１１００メートルの高原）です。この間、高原ドライブが、爽やかでした！　ガイドさんの説明によると、今年は暖かいです、と、言っていました。本当に山の景色が、最高に素晴らしかったです！

そして阿蘇の漬物店で地元の野菜と漬物の買い物をしました。


飛行機は熊本空港を20時45分に出発し、羽田空港に22時15分に到着する予定です。

本当に盛りだくさんの旅行でした。霧島神宮でも、高千穂神社でも、天岩戸神社でも、お母さんの健康と長生きを、いっぱい、いっぱい、お祈りしましたよ！

ミーちゃんも、お母さんの健康と長生きを、いっぱい、いっぱい、お祈りしましたよ。

10月22日（火）のお昼ごろ、お母さんの元へ帰る予定です。

この手紙は、羽田空港のポストに投函します。

けんじ＋ミーちゃん

平成25年11月11日　福島県いわき市より

お母さんへ

お母さんは元気ですか？　しっかり食事して、お茶も飲んでくださいね。

僕は今、ミーちゃんと、福島県のいわき市に来ています。


朝早く車で出発し、高速道路を走りました。道はすいていました。

いま、〝アクアマリンふくしま〟を見物してきました。とても大きな水族館で、海の博物館、海の科学館など、いろいろ楽しい複合施設がいっぱいあり、見ているだけでも勉強になりました。パンフレットを同封しますので、ゆっくり見てくださいね。


いま、〝いわき・ら・ら・ミュウ〟で、海産物を見てきました。

〝焼きウニ〟が美味しそうだったので、早速買って、食べました。ウニの味が濃く、美味しかったです。


そして今、〝いわきマリンタワー〟で、上まで上がってきました。太平洋の雄大な景色が印象的でした。

ちょうど、お昼の時間だったので、シーフードレストラン〝メヒコ〟で食べてきました。

僕は〝王様のシーフードグラタン〟

ミーちゃんは〝カキとほうれん草のドリア〟

半分ずつ交換して食べました。どちらも美味しかったです！


次に、塩屋崎灯台を訪れました。

この塩屋崎灯台は、美空ひばりさんの歌で、有名です。

この場所は、津波の被害はほとんどありませんが、その先の地区は、大変な被害を受けました。

次に、国宝、白水阿弥陀堂《あみだどう》を訪れました。

今から850年前に建てられたもので、名前、白水の由来は、奥州平泉《おうしゅうひらいずみ》の〝泉〟の文字を、2つに分けたと言い伝えられています。パンフレットを見てくださいね。

それに、紅葉がとても素晴らしかったです！


これから太平洋を見ながら北上し、宮城県の仙台へと向かいます。

けんじ

お母さん、お元気ですか？　ミーちゃんでーす。

今日は早起きし、ケンちゃんの車で、ドライブに来ています。

太平洋の大海原を眺め、水族館を見学し、さらに国宝の阿弥陀堂を拝観し、庭園の素晴らしい紅葉を見ました。ケンちゃんは、これから仙台へ行くと言っています。

お母さん、また手紙を書きます＋絵はがきも。

ミーちゃんより

平成25年11月24日　東京より

お母さんへ

11月22日、お母さんに笑顔で昼食を食べてもらい、うれしかったです。お母さんは、いつも、完食です！

その後、僕は東京に帰ってきました。

東京駅は、たくさんの人で、混雑していました。きっと、週末の始まる金曜日だからかも知れませんね。すぐに乗り換えて、父親の介護施設へ急行しました。が、〝3時のおやつ〟には、間に合いませんでした。残念！　でも父は部屋で、大好きな〝たい焼き〟を食べてくれました。よかった！

そして、いつものように、顔と手と足を入念に拭きました、鼻や目や耳も、ひげ剃りもしました。また、話す練習もしました。

その後、僕は施設を後に、近くの温泉銭湯に行き、夕方8時過ぎに、家に帰ってきました。

お母さんは、元気ですか？

しっかり食事して、お茶も飲んでくださいね。

昨日、11月23日（土）は、朝食後、父親の介護施設へ行き、いつものように、顔と手と足を入念に拭きました。その後、絵を描く練習をしました。それに昔のことを、いっぱい話しました。

笑ったり、うなずいたり…。それに、ミーちゃんがいるので、とても喜んでいました。

父の昼食の介助の後、僕とミーちゃんはお昼を食べに銀座へ行きました。

銀座3丁目のシーフードの美味しいレストラン〝カザン〟へ行きました。これで2回目です。

大人の雰囲気と静かな空間が気に入っています。

今日食べたのは、月に6日間だけの、限定コースです。

僕①渡り蟹と旬野菜のムース
ミーちゃん①近海生雲丹のジュレ
②キャッツアイ・オイスター
③オードブルの盛り合わせ
④ニューカレドニア産〝天使の海老〟のフライ
⑤近海生雲丹と直火帆立貝のミルフィーユ
⑥旬野菜のフェデリーニ
⑦デザート
⑧コーヒー　です。

どれも、みんなおいしかったです！　①は、互いに半分ずつ食べました。

ミーちゃんが、〝今度は、お母さんと来たいわ！〟と言っています。お母さん、いいですか？

ミーちゃんは、お母さんのことが、大好きです！

お天気は、太陽が輝き、さわやかで、素晴らしかったです。

その後、銀座と日本橋を散策しました。たくさんの人で、賑わっていましたよ。

そして今、家に帰ってきて、フランスのチーズとボルドーワインを味わい、モーツァルトのクラリネット・コンチェルトを聴きながら、明日11月24日の日帰りバスの旅〝遠州《えんしゅう》三山《さんざん》と小國神社の紅葉めぐり、可睡斎《かすいさい》で精進《しょうじん》料理〟と、明後日11月25日からの〝秋のクロアチア・スロベニア5か国周遊10日間の旅〟に、想《おも》いを廻《めぐ》らせています。

明日の遠州三山の旅は、クラブツーリズムの日帰りバスの旅で、朝7時30分に新宿を出発する予定です。そして、東名高速を走り、①法多山尊永寺《はったさんそんえいじ》で参拝し、紅葉を鑑賞します。次に②可睡《かすい》斎《さい》で参拝し、精進料理《しょうじんりょうり》を味わいます。また、紅葉を鑑賞します。次に③油山寺《ゆざんじ》で参拝し、紅葉を鑑賞します。その後④小國神社で参拝し、紅葉を楽しんで、帰ってくる予定です。

普段〝遠州三山めぐり〟の旅は、一泊二日ですが、明日は日帰りです。強行軍の旅かもしれませんが、目いっぱい楽しんできます！　それに、可睡斎の横のお土産店で、いつも、地元でとれた落花生を1袋500円で買います。明日も買うでしょう。旅行は、ミーちゃんと一緒です。

また、明後日11月25日からの〝秋のクロアチア・スロベニア5か国周遊10日間の旅〟は、阪急交通社の旅です。

ルフトハンザドイツ航空往復直行便です。

飛行機は成田空港を13時に出発し、ドイツのミュンヘンに17時20分到着予定です。時差は、マイナス7時間です。ドイツのミュンヘンに到着し、市内を観光し、夕食は市内のレストランで食べます。その後ホテルへ（先週よりドイツのミュンヘンは、とても寒いそうです）。


2日目は、スロベニアを観光します。

3日目と4日目は、クロアチアを観光します。世界遺産を2つ、訪れます。

5日目もクロアチアの世界遺産、スプリット観光とモスタルを観光します。

6日目は、世界遺産のドブロブニクを観光します。それに、ブリトヴィッツェ国立公園も観光します。

7日目はザグレブ市内観光をします。

8日目は、スロベニアへ戻り、リュブリャーナを観光します。その後、オーストリアのザルツブルクのホテルへ。

9日目は、ザルツブルク市内観光をします。そして、ドイツのミュンヘンへ。ミュンヘンで昼食し、その後、ミュンヘン空港へ。

10日目、成田空港に午前11時30分に到着予定です。

ホテルはデラックス、豪華な5つ星ホテルです。食事も全食事付で、各地の名物料理を味わいます。そして、世界遺産も9つ、観光します。今から楽しみです！

お母さんには、お土産《みやげ》をいっぱい買ってきますからね。楽しみに待っていてくださいね！

けんじ

お母さん、お元気ですか？

ミーちゃんです！

いつもお母さんの健康と長生きを思っています。

明日、ケンちゃんと遠州三山の旅に行ってきます。

そして明後日、ケンちゃんと、成田空港を出発します。

去年は、ヨーロッパ1ヶ月、ファーストクラスの旅で、とても豪華で、素晴らしい旅行でした。

それに今年の1月のトルコ旅行も、とても良かったです。

明日からの旅行、いっぱい、いっぱい、楽しんできます！

お母さんには、絵はがきを、いっぱい書きますからね！

楽しみに待っていてくださいね！

ミーちゃんより

平成26年1月11日　東京より

お母さんへ

今日、お母さんに笑顔で昼食を食べてもらい、うれしかったです。お母さんは、いつも、完食です！

その後、僕は東京に帰ってきました。

東京駅は、たくさんの人で、混雑していました。きっと、新年の1月だからかもしれませんね。すぐに乗り換えて父親の介護施設へ行きました。しかし、〝3時のおやつ〟には、間に合いませんでした。部屋で〝生和菓子〟を食べてもらいました。〝とても美味しい！〟とニコニコ顔でした。食べた後、いつものように、顔と手と足を入念に拭きました、鼻や目や耳も、そして、ひげ剃りもしました。

また、昔話や、最近のこと、日本経済、世界経済について話しました。

夕方5時過ぎに、家に帰ってきました。

お母さんは、元気ですか？　しっかり食事して、お茶も飲んでくださいね。

僕は今、夕食を終え、モーツァルトのクラリネット・コンチェルトを聴きながら、フランスのボルドーワインを味わっているところです。

明日1月12日、日曜日は、ミーちゃんの友達から〝マリンバのコンサート〟の招待券を2枚もらったので、行ってきます。

マリンバとは？　僕もミーちゃんも初耳で、知りませんでした。

ミーちゃんが、電子辞書で調べたら、木琴《もっきん》のような楽器だそうです。

何はともあれ、明日は楽しみに行ってきます！

そして明後日、1月13日からの〝山陰・山陽4日間の旅〟に夢をめぐらせています。

この旅行は、クラブツーリズムの旅で、タイトルは長いです。

〝出雲大社《いずもたいしゃ》・安芸《あき》の宮島《みやじま》・足立《あだち》美術館・鳥取砂丘《とっとりさきゅう》・萩《はぎ》・津和野《つわの》・尾道《おのみち》・倉敷《くらしき》〟です。

訪れるところは世界遺産《せかいいさん》の安芸《あき》の宮島《みやじま》・厳島《いつくしま》神社、出雲大社《いずもたいしゃ》をはじめ、萩《はぎ》の町、津和野《つわの》の町、松《しょう》陰神社《いんじんじゃ》、秋吉台《あきよしだい》、鳥取砂丘《とっとりさきゅう》、などを観光します。

朝、9時30分、羽田空港に集合。

飛行機は10時20分に出発し、岡山空港に11時40分、到着予定です。

そして、4日間の観光旅行が、始まります。

今からとても楽しみです!!　もちろんミーちゃんも一緒に行きますよ。

山陰、山陽の、美しいもの、おいしいものを4日間、心ゆくまで味わいます。

また、お母さんには、お土産《みやげ》をいっぱい買ってきますからね！！！

けんじ

山陰《さんいん》・山陽《さんよう》4日間の旅　第1日目

平成26年1月13日　グランド・プリンスホテルより

お母さんへ

お母さんは、元気ですか？　しっかり食事して、お茶も飲んでくださいね。

僕は今、広島に来ています！

今日から4日間、山陰《さんいん》・山陽《さんよう》をぐるりと周遊します。

〝世界遺産《せかいいさん》の安芸《あき》の宮島《みやじま》・厳島《いつくしま》神社〟、〝出雲大社《いずもたいしゃ》〟をはじめ、萩《はぎ》の町、津和野《つわの》の町、松陰神社《しょういんじんじゃ》、秋吉台《あきよしだい》、鳥取砂丘《とっとりさきゅう》、岡山県、広島県、山口県、島根県、を観光します。

今日は旅行の第一日目、羽田空港を出発し、岡山空港へと空の旅、富士山がとてもきれいでした。それに、南アルプスも中央アルプスも真っ白な雪山で、きれいでした。

また、スチュワーデスの女性が、〝お母様によろしくお伝えください！〟と言い、飛行機の絵はがきとキャンディーをくれました。お母さんは、元気ですか？

岡山空港に到着後、すぐに、倉敷《くらしき》を訪れました。そして、倉敷美観地区《びかんちく》を散策しました。

江戸時代のたたずまいと面影を残す、愛らしい町でした。

昼食は、倉敷駅前の、一番街アーケードから横道に入った、こぢんまりとした和食のお店でいただきました。

店の前を通りかかると、〝今日の定食は、ゲタの煮物〟と、看板に書いてありました。

僕とミーちゃんは、びっくりしました。

〝えっ？　ゲタの煮物?!〟

そしてお店に入って尋ねると、女将さんが〝ゲタとは、地元で、舌平目のことです〟と、教えてくれました。

お店の中はいい匂いでいっぱい！　早速、舌平目の煮物を味わいました。

甘辛のしょうゆ味で、美味しかったです。

そのほか、惣菜や、サラダ、ご飯にみそ汁は、食べ放題でした。

その後、広島県に入り、尾道《おのみち》の千光寺《せんこうじ》公園を訪れました。

『文学のこみち』と呼ばれる、自然石に刻まれた25の文学碑《ひ》が続く小道《こみち》が有名です。

また、千光寺からの景色は、何とも素晴らしいものでした。


夕食は広島駅前で、お好み焼きを食べました。おいしかったです。

今、グランド・プリンスホテル広島で、書いています。

部屋からの景色は、素晴らしいです。お母さん、また書きます。

けんじ＋ミーちゃん

山陰《さんいん》・山陽《さんよう》4日間の旅　第2日目
平成26年1月14日　グランド・プリンスホテルより　萩《はぎ》グランドホテル天空へ

お母さんへ

お母さんは、元気ですか？　しっかり食事して、お茶も飲んでくださいね。それに、リハビリを頑張ってくださいね。

今日は旅行2日目、これから朝食をしてきます。

いま、23階の展望レストラン、〝トップオブ広島〟で、豪華な食事をしてきました。景色を眺めながら、ミーちゃんを見たり、食べたり、飲んだり、楽しかったです。

朝、8時15分、バスは出発し、世界遺産の〝安芸《あき》の宮島《みやじま》・厳島《いつくしま》神社〟へと向かいました。道路はすいていました。宮島口からフェリーで安芸の宮島に渡りました。いつ来ても爽やかな景色です。

そして、厳島神社で、お母さんの健康と長生きを、たくさんお祈りしました！

お昼は、少し早めに、カキフライ定食をいただきました。おいしかったです。

また、ゆでカキポン酢、3個で300円、食べました。これも美味しかったです。

島内を散策していると、地元のお店を発見しました。何でもそろう食料品雑貨のお店です。〝くま金〟と言う名前です。ミーちゃんと二人、お店の中へ。そして広島産、いしじ・みかん6個入りを1袋、買いました。200円で、こんなにいっぱい！

その後、安芸の宮島を後にし、山口県の中央部にある秋吉台へ向かいました。

秋吉台では、科学博物館で、石灰岩台地・カルスト地形のビデオを見ました。とても興味深かったです。また、貴重な展示も見学してきました。


その後、バスは山口県、萩《はぎ》の町に入ってきました。

松陰神社と武家屋敷を散策しました。今日は、可愛いワンちゃんが、いませんでした。自転車バイクのお店は営業していましたが、ワンちゃんがいませんでした。残念！

そして、村田かまぼこ店で買い物…。いろいろと試食をしました。全部、美味しかったです！

僕は今夜のおつまみに、ジャコ天と明太かまぼこを買いました。

いま、萩グランドホテル天空で、書いています。これから夕食です。行ってきまーす。

今、食べてきました。おいしかったです！
ふく付き郷土会席：食前酒（ゆずリキュール）、先付（梅と海月《くらげ》の和え物）、酢の物（ふく刺身）、造里（お造り2種盛り）、煮物（炊き合わせ）、揚物（天婦羅の盛り合わせ）、蒸物（ふく入り茶わん蒸し）、萩郷土グルメ（3色魚麺）、炉物（ふく鍋）、食事（ふく炊き込み飯）、止椀（磯仕立て）、香ノ物（お漬物2種盛り）、水物（フルーツ）
〝ふく〟とは、〝ふぐ〟のことです。全部食べました。おいしかった！

けんじ＋ミーちゃん

山陰《さんいん》・山陽《さんよう》4日間の旅　第3日目
平成26年1月15日　萩《はぎ》ロイヤルホテル天空より　大山《だいせん》ロイヤルホテルへ

お母さんへ

お母さんは、元気ですか？　しっかり食事して、お茶も飲んでくださいね。

もう、旅行初日の手紙は届いたことと思います。パンフレットがいっぱい入っていますので、じっくり楽しみながら見てくださいね。

今日は旅行3日目、バスの出発は7時50分です。それでは行ってきまーす！

山陰の小京都と呼ばれている、島根県の津和野《つわの》を訪れました。

山口県の萩《はぎ》より、ここ津和野までの景色は、のどかで、爽やかで、本当に素晴らしかったです！　僕はこの道が、とても気に入っています！

バスを降りると、津和野のおみやげ店の人が、歴史の町を、詳しく、楽しくガイドをしてくれました。また、自由時間は、津和野駅前にある安野光雅《あんのみつまさ》美術館を見学してきました。風景画が、とても素晴らしかったです。心が和む…、そう、優しい絵画なんです。

それに、不思議な美術館でした。中へ入ると、いろいろなものがあり、驚きの連続でした。詳しく書くと長くなるので、パンフレットを見てくださいね。

それに、いつもの造り酒屋さんで、お酒を2本買いました。一升瓶ではなく、ワンカップ！

次に出雲大社《いずもたいしゃ》を訪れました。係の人が、丁寧に案内してくれました。

ここで、少し遅い昼食、出雲そばを食べました。３種の具材と薬味、美味しかったです。

次に、車窓より宍道湖《しんじこ》を眺め、足立《あだち》美術館で、名庭と名画を鑑賞してきました。

この時は、開館40周年記念・特別企画で、横山大観の名画をじっくり、鑑賞しました。

また、林義雄氏の「天使のおひるね」が、とても素敵でした。パンフレットを同封しますので、
この可愛らしい作品を楽しんでくださいね。

そして今、鳥取県の大山《だいせん》ロイヤルホテルに来ています。

部屋は、７階の７２１号室、広くて快適です。また、雪景色した大山（中国地方の最高峰、１７２９メートル）は、とてもきれいです！　これから温泉に入ってきます。

いま、入ってきました。庭園露天風呂も内湯も、開放的で、気持ち良かったです。

ミーちゃんはまだ帰ってきていません。

いま、帰ってきました。にこにこして、部屋に入ってきました。

これから、特製ローストビーフ付き、和・洋・中の豪華バイキングの夕食です！

出雲大社で、お母さんの健康と長生きを、いっぱいお祈りしました。　　　けんじ＋ミーちゃん

山陰《さんいん》・山陽《さんよう》4日間の旅　第4日目
平成26年1月16日　大山《だいせん》ロイヤルホテルより

お母さんへ

お母さんは、元気ですか？　しっかり食事して、お茶も飲んでくださいね。

僕は今、鳥取県の〝大山《だいせん》ロイヤルホテル〟に来ています。パンフレットを見てくださいね。このホテルは、大きく、立派で、高級ホテルです。部屋は広く、きれいです。それに窓からの景色が最高に素晴らしいです！　大きな山が、一望《いちぼう》できます。この部屋にいるだけで、わくわくします。そして、来て良かったな～、と思います。

今日は、朝5時に目が覚め、温泉大浴場へ行き、のんびり、ゆったり、温泉に入ってきました。朝の温泉は格別です！　それに、山の景色が最高でした。

朝食は6時45分から、豪華バイキングです！

いっぱい食べました！　おいしかったです。

ロイヤルホテルの食事は、見るからに、きれいで、おいしいんです。

今日は旅行4日目、8時20分にホテルを出発します。

鳥取県と言えば、鳥取砂丘《とっとりさきゅう》です！　そうです、日本海を望みながら、砂丘を散策します。

バスは8時20分、定刻に出発しました。

ツアー参加者は、毎回、集合時間や出発時間をきちんと守ってくれるので、添乗員さんも、バスガイドさんも、毎回、〝どうもありがとうございます！〟と、言っています。

日本一の鳥取砂丘に来ています。これからミーちゃんと、長靴《ながぐつ》を履《は》いて、日本海が見えるところまで行ってきます。

今日は風が強く、寒くて、歩いていられません。途中で戻ってきましたが、同じツアーの人が、〝一緒に、頑張っていきましょう！〟と言ったので、僕とミーちゃんは、頑張りました。

一番高い所？へ上がり、日本海を見ましたが、やはり、風が強く寒いので、戻ってきました。

あー、寒かった!!

その後、おみやげ店で、地元の〝らっきょう〟の漬物を買いました。とても美味しいんです。

お母さん、楽しみに待っていてくださいね。これから伊丹《いたみ》空港へ向かいます。

今、東京の羽田空港に帰ってきました。すごい旅行でした！　そして素晴らしい景色を、いっぱい見ました！

けんじ＋ミーちゃん

今、横で、ミーちゃんが、〝お母さん、また会いに行きますからね！〟と、言っています。

平成26年2月10日　東京より

お母さんへ

昨日2月9日、お母さんに笑顔で昼食を食べてもらい、うれしかったです。お母さんは、いつも、完食です！

その後、僕は新幹線に乗り、東京に帰ってきました。

東京駅は、たくさんの人で、身動きができないほど、混雑していました。週末の日曜日だからかもしれませんね。すぐに乗り換えて父親の介護施設へ急行しました。しかし、今日も、〝3時のおやつ〟には、間に合いませんでした。〝生和菓子〟は、部屋で食べてもらいました。その後、いつものように、顔と手と足を入念に拭きました。鼻や目や耳も、そして、ひげ剃りもしました。商売をやっていた時のことを話すと、懐かしそうに、僕の話を聞いていました。〝お酒を飲みたい？〟と尋ねると、〝いや、もう飲みたくない。お茶でいい〟と答えました。夕方5時過ぎに、家に帰ってきました。

お母さんは、元気ですか？　しっかり食事して、お茶も飲んでくださいね。

今日2月10日、月曜日は、午前中、税務署で確定申告をしました。

昼食後は、区役所で、お母さんと、お父さんの、保険関係の手続きを、2つ、しました。

その後、近くの温泉銭湯へ行き、のんびり、ゆったり、温泉に入ってきました。

やっぱり、温泉は、いいですね。それに、ミーちゃん手作りの夕食は、いつもおいしいです。そしてミーちゃんが言いました、〝お母さんには、特別においしい料理を作って、もって行きます。楽しみに待っていてくださいね〟と。お母さん、良かったですね！


明日、2月11日火曜日は、朝食後、父親の介護施設へ行きます。施設長の田中先生に呼ばれているので。

それに言語聴覚士さんとリハビリの責任者さんとも打ち合わせをします。良い一日になることを、祈っています！

そして、明後日2月12日からは、ヨーロッパの歴史と文化の宝庫、スペインとポルトガルを旅行します。お母さん、おみやげを、楽しみに待っていてくださいね。

けんじ

お母さん、お元気ですか？　ミーちゃんでーす！

いつもお母さんの健康と長生きを願っています。明日、ケンちゃんと成田空港を出発します。

一昨年の4月のヨーロッパ1ヶ月、ファーストクラスの旅。そして去年の1月のトルコ旅行も、とても良かったです。また、11月の〝秋のクロアチア・スロベニア5か国周遊10日間の旅〟も良かったです。それに、今年1月の山陰《さんいん》・山陽《さんよう》の旅も良かったです。

そして明日からのスペイン・ポルトガル、10日間の旅、いっぱい、いっぱい、楽しんできます！　お母さんには、絵はがきを、いっぱい書きますからね！

楽しみに待っていてくださいね！

ミーちゃんより

平成26年3月17日　東京より

お母さんへ

昨日、お母さんに笑顔で昼食を食べてもらい、うれしかったです。お母さんは、いつも、完食です！　その後、僕は東京に帰ってきました。

すぐに、父親の介護施設へ行きました。〝3時のおやつ〟には、桜餅を持っていきました。父は〝美味しい、美味しい！〟と笑顔で食べてくれました。よかった！

食べた後、部屋に戻り、いつものように、顔と手と足を入念に拭きました。鼻や目や耳も、そして、ひげ剃りもしました。また、話す練習もしました。とても良かったです！

夕方5時過ぎに、家に帰ってきました。

お母さんは、元気ですか？　しっかりご飯を食べて、お茶も飲んでくださいね。

新幹線に乗ると、いつも、思い出します！　お母さんと、5年前の3月に面接に来た時のことを……。お母さんは覚えていますか？　寒い寒い3月12日、家からタクシーで駅へ行き、駅員さんが車椅子でお母さんをホームまで介助してくれました。その後も東京駅で、特別待合室に案内され、暖房のきいた特別室で、係の人と新幹線の出発時間まで、ゆったりと時間を過ごしました。そして新幹線に乗り、美しい景色を見ながら、日光の名物弁当を食べました。とてもおいしかったですね！

駅に到着すると、駅員さんがお母さんを車椅子に乗せ、新幹線の駅出口まで連れて来てくれました。そして施設へ行き、面接を受け、お母さんは、答えていました。笑顔で答えていました！

面接を終え、事務部長の田村さんが、〝帰りの新幹線まで時間があるので、リハビリをされてはいかがですか？〟とのこと。お母さんは、リハビリの部屋に入ると、満面の笑みでした。すぐに白石さんが来てくれて、足がむくんでいるので、むくみを取るリハビリをします、と言い、両脚を対処してくれました。お母さんは、〝気持ち良い、すごく良い！〟とニコニコでした。次に温熱パッドのリハビリをしてくれました。お母さんは〝気持ち良い、すごく良い！〟と、最高の笑顔でした！

そして新幹線に乗り、東京に帰ってきました。お母さんは、夕食のときも、ニコニコ顔でした。

それから1ヵ月後の4月、入所許可証が送られてきました。そして、5年前の4月26日、新幹線に乗って、施設に来ました。お母さんは覚えていますか？

さて、僕は今、夕食を終え、モーツァルトのクラリネット・コンチェルトを聴きながら、フランスのボルドーワインを味わっているところです。

明日から、韓国のチェジュ島を観光します。ミーちゃんも一緒です。朝6時に家を出て、成田空港へ行きます。お母さんには、お土産を、いっぱい買ってきますからね！

けんじ

3月23日の夕方5時にお母さんの元へ帰ります。お母さん、待っていてくださいね。

平成26年4月19日　東京より

お母さんへ

お母さんは、元気ですか？　しっかり食事して、お茶も飲んでくださいね。リハビリ体操も、忘れずに、してくださいね。

昨日、4月18日（金）、お母さんに笑顔で昼食を食べてもらい、うれしかったです。お母さんは、いつも、完食です！

その後、僕は東京に帰ってきました。そして、東京の父の施設へ急行しました。父は、大好きな〝たい焼き〟を〝美味しい！　美味しい！〟と言って食べてくれ、いつものように元気で、いい笑顔をしてくれました。よかった！　それに、台湾へ行くといったら、父は目を輝かせ、にっこり、いろいろと台湾のことを話してくれました。

今日、4月19日（土）は、東京の下町、浅草を、ゆっくり、のんびり、散策しました。浅草の仲見世《なかみせ》商店街は、多くの人で賑《にぎ》わっていました。

そして今、浅草ビューホテルで、素晴らしい景色を眺めながら、お母さんに手紙を書いています。ここは本当に良いホテルです！　景色も最高です！

夕食は、午後5時30分から浅草ビューホテルの和食レストランで、会席料理《かいせきりょうり》のフルコースを味わいました。とても美味しかったです。

今日食した料理のメニュー表を同封します。

今度はお母さんと一緒に、ここで、食事がしたいです！

ミーちゃんも、〝お母さんと一緒に食事がしたいわ！〟と、言っています。ミーちゃんは、お母さんのことが、大好きです。それに、〝仕事が一段落したら、お母さんに会いに行きます！〟と、言っています。

豪華な夕食を終え、今、家に帰ってきました。

お母さんは、元気ですか？　しっかり食事して、お茶も飲んでくださいね！　また、右手や左手を、動かしてくださいね！


明日、4月20日より、〝優雅なる台湾周遊、5日間の旅〟に行ってきます。

今まで、ヨーロッパ、アメリカ、カナダばかり旅行していて、アジアの国は、行きませんでした。でも、先月の韓国のチェジュ島観光に続き、明日は、台湾を観光します。食事も景色も、みな、楽しみです。

お母さんには、プレゼントが、いっぱい！　楽しみに待っていてくださいね！

今、ミーちゃんが言っています、〝今度は、お母さんと一緒に、温泉旅行がしたいわ！〟と。

ミーちゃんは、お母さんのことが、大好きです！

4月26日の夕方5時に、お母さんの元へ帰ります。

けんじ

平成26年5月7日　東京より

お母さんへ

今日、お母さんの昼食の後、新幹線に乗って、東京に帰ってきました。

今日は5月7日、ゴールデンウイークが終わった次の日なので、東京駅構内がとても混んでいました。

すぐに父親の介護施設へと急ぎました。

午後3時33分に着きました。〝3時のおやつ〟には、間に合いませんでした。残念!

そして、いつものように、顔と手と足を入念に拭きました。鼻や目や耳も、ひげ剃りもしました。また、話す練習もしました。最近父は、僕がいつ、施設に来るのかを、よく尋ねるようになりました、と、介護さんが言っていました。

僕は、これからの予定をなるべくノートに書くようにしました。

夕方6時過ぎに、家に帰ってきました。

お母さんは、元気ですか?　しっかり食べて、しっかり飲んで、しっかりリハビリをやってくださいね。


僕は今、夕食を終え、モーツァルトのクラリネット・コンチェルトを聴きながら、フランスのボルドーワインを味わっているところです。そして、明日からの事を考えています。

僕は明日から『立山《たてやま》・黒部《くろべ》アルペンルート』の旅に行ってきます。標高3000メートル級の山々を、ケーブルカー・ロープウェイ・トローリーバス・高原バスなど、6つの乗り物で、立山・黒部アルペンルートの全長100キロ以上を縦断《じゅうだん》・横断《おうだん》・通《とお》り抜《ぬ》けします。

パンフレットを見てくださいね。そして、5つの日本一を、じっくり、見てきます。

また、黒部渓谷《けいこく》鉄道、通称《つうしょう》、黒部トロッコ列車にも乗車します。そして、宇奈月《うなづき》温泉のAランクのホテルに泊まります。今から景色と食事が楽しみです！

旅行の添乗員《てんじょういん》さんからの連絡によると、アルプスの大パノラマ、雪の大谷が、とても美しいです！　との事です。

それでは、明日、東京駅7時、長野新幹線グリーン車で出発します。ミーちゃんも一緒に行きます。

けんじ＋ミーちゃん

この手紙が届くころは、立山・黒部アルペンルートを周遊していることでしょう。

お母さんは、元気ですか？　しっかり食事して、お茶も飲んでくださいね。それに、左手を動かしてくださいね。

お母さんには、お土産《みやげ》が、いっぱい！　楽しみに待っていてくださいね！

平成26年5月9日　富山県の宇奈月《うなづき》温泉より

お母さんへ

お母さんは、元気ですか？　しっかり食事して、水分補給をしてくださいね。それに、左手をたくさん動かしてくださいね！

僕とミーちゃんは今、『立山《たてやま》・黒部《くろべ》アルペンルート』の旅に来ています。

6つの乗り物で、全長100キロ以上の立山・黒部アルペンルートを巡《めぐ》る旅行は、本当に素晴らしかったです！　雪の大谷はすごかった！　山の景色が素晴らしかった！　黒部湖も壮大《そうだい》で良かった！　黒部渓谷《けいこく》鉄道トロッコ列車も良かった！　3000メートル級の山々の山肌《やまはだ》を縫《ぬ》うように進むトロッコ列車、風情もあり、景色も最高に素晴らしかった！　また、宇奈月《うなづき》温泉も良かった！　食事も良かった！　みんな良かったです！　大満足の旅行でした。パンフレットを見てくださいね。

ミーちゃんも、〝本当にきれい!!〟と、大喜びでした。

明日5月10日、旅行3日目の午前中は、世界遺産の五箇山合掌《ごかやまがっしょう》集落を観光し、午後からは、日本を代表する山岳リゾートの、中部山岳国立公園の上高地《かみこうち》を散策します。そして、夕方の新幹線で、東京に帰ってきます。

翌日の5月11日は、ミーちゃんと一緒に江東区《こうとうく》の門前仲町《もんぜんなかちょう》へ行き、歴史的に名高い町を散策する予定です。深川不動尊、富岡八幡宮、永代寺を参拝してきます。お母さんの健康と長生きを、いっぱい、いっぱい、お願いしてきます！

それに、お昼は、名物の〝深川めし〟を味わう予定です。今から楽しみです。

その翌日の5月12日は、ゆっくり、のんびり、温泉に行ってきます。

そして、僕は5月13日（火）の夕方5時ごろ、お母さんの元へ帰る予定です。

ミーちゃんは、このまま東京で仕事です。そして5月18日（日）友達の講談師《こうだんし》が、日本橋の演芸場（お江戸《えど》日本橋亭《てい》）に招待《しょうたい》してくれたので、行くと、言っていました。

お母さんには、お土産《みやげ》が、いっぱい！　楽しみに待っていてくださいね！

けんじ＋ミーちゃん

平成26年5月31日　東京より

お母さんへ

昨日、お母さんの昼食の後、新幹線に乗り、東京に帰ってきました。

東京駅は、たくさんの人で、混雑していました。きっと、月末だからかもしれませんね。

お母さんは、元気ですか?

しっかり食事して、お茶も飲んでくださいね。それに、左手を動かしてくださいね。


今日、5月31日(土)、午前中は父親の施設へ行きました。その後、ミーちゃんとお昼を食べに銀座へ行きました。能登《のと》半島のおいしいものが味わえるお店で〝お昼の懐石《かいせき》料理〟のフルコースを味わいました。能登半島の海の幸、山の幸が、盛りだくさん! 見るからにきれいで、おいしかったです。また、ご飯も、味噌汁も、サラダも、無農薬で、有機栽培、とても食材にこだわったお店で、安心して、おいしく食べられました。

その後、銀座と日本橋を散策しました。お天気が良く、気持ちの良い散歩でした。また、土曜日なので、たくさんの人で、賑わっていました。そして、〝資生堂パーラー〟で、フルーツ・パフェを食べました。これもおいしかったです。


今、家に帰ってきて、明日からの旅行の準備を済ませたところです。

明日6月1日から、出雲大社《いずもたいしゃ》、伊勢神宮《いせじんぐう》、天空《てんくう》の城《しろ》・竹田城跡《たけだじょう》、を巡《めぐ》る豪華リゾートホテルの旅に行きます。そして、山陰《さんいん》・山陽《さんよう》の新緑の中、素晴らしい景色が見られる事と思います。

ホテルも豪華なデラックスホテルで、温泉も食事も、今から楽しみです。

それに、瀬戸内海の淡路島《あわじしま》にも行きます。淡路島は、今、花のフェスティバルを開催していて、とてもきれいです、と、旅行の添乗員さんから連絡がありました。とても楽しみです。

それに、出雲大社でも伊勢神宮でも、お母さんの健康と長生きを、いっぱい、お祈りしてきますからね。

明日、6月1日、日曜日、朝7時35分の飛行機で、羽田空港を離陸します。


ミーちゃんは、4月、5月と歯の治療を終え、今、元気いっぱいです。

〝美味しいものを、いっぱい食べるわ!〟と、張り切っています。


旅行の後は、東京で、お母さんの保険の認定手続きがあります。区役所で手続きしてきます。

また、年金についても、社会保険庁から書類が送られてきたので、これも、手続きしてきます。

お母さん、お土産を、楽しみに待っていてくださいね。

6月7日、夕方の5時ごろ、ミーちゃんと一緒にお母さんの元へ帰ります。

けんじ

出雲大社《いずもたいしゃ》、伊勢神宮《いせじんぐう》、天空《てんくう》の城《しろ》・竹田城《たけだじょう》跡を巡る豪華リゾートホテルの旅　第1日目

平成26年6月1日

お母さんへ

お母さんは、元気ですか？　僕は今、大山《だいせん》ロイヤルホテルに到着しました！

今朝、8時00分、羽田空港を離陸し、飛行機は東京湾をぐるりと周遊し、快晴の青い空間の中を飛行しました。機内でミーちゃんと乾杯しました。

また、スチュワーデスさんが、とても親切で、景色の説明もしてくれました。とても快適な空の旅でした（朝食は、羽田空港で、ミーちゃんお手製のサンドイッチとおにぎりを食べました。おいしかったです）。

岡山空港に9時15分、到着しました。お天気は快晴、気温は21度、さわやかで、すがすがしいです！　青い空が、気持ちよいです。

岡山空港に到着してから、出雲大社《いずもたいしゃ》へと、北上しました。新緑が、目に優しく、素晴らしかったです。特に蒜山《ひるぜん》高原は、のどかで、すがすがしくて、良かったです。そして、出雲大社で参拝し、お母さんの健康と長生きを、いっぱい、お祈りしました。

お昼は、〝名物の出雲そば〟を味わいました。3色の出雲そばを、色々な汁につけて、おかずも色々あり、おいしかったです。その後、神門通りを散策しました。お土産店が、たくさんあり、

お母さんのお守りを買いました。紫色で、きれいですよ。楽しみに待っていてくださいね。

その後、島根ワイナリーで、ワインの試飲をしました。そして、宍道湖《しんじこ》を通り、大山《だいせん》ロイヤルホテルに到着しました。

今、部屋でゆっくりしています。大きく立派、豪華なホテルで、部屋もきれいです。パンフレットを見てくださいね。

新緑に輝く景色が最高に素晴らしいです！　ミーちゃんと二人、この景色に、見惚れています。


これから温泉に入ります！

いま、入ってきました。いい温泉だった！

ミーちゃんとビールで乾杯し、この素晴らしい景色を眺めています。


これから夕食です！　食べに行ってきます。

いま、食べてきました。全部おいしかったです！

これから寝ます！　おやすみなさい。

けんじ＋ミーちゃん

出雲大社《いずもたいしゃ》、伊勢神宮《いせじんぐう》、天空《てんくう》の城《しろ》・竹田城《たけだじょう》跡を巡る豪華リゾートホテルの旅　第2日目
平成26年6月2日　大山《だいせん》ロイヤルホテルにて

お母さんへ

朝5時に目が覚めました。すぐに温泉大浴場へ行き、ゆったり、のんびり、温泉に入ってきました。朝の温泉は格別です！

朝食は6時30分から、豪華バイキングです！

いっぱい食べました、おいしかったです。

ところで、お母さんは、元気ですか？　しっかり食事して、お茶も飲んでくださいね。

今日は旅行2日目、これから山城の郷を観光し、山頂に築かれた天空《てんくう》の城《しろ》・竹田城《たけだじょう》跡を訪れます。そして、いっきに南下し、瀬戸内海の淡路島《あわじしま》の豪華リゾートホテルに向かいます。

それでは、出発進行！

行ってきまーす！

出雲大社《いずもたいしゃ》、伊勢神宮《いせじんぐう》、天空《てんくう》の城《しろ》・竹田城《たけだじょう》跡を巡る豪華リゾートホテルの旅　第2日目

平成26年6月2日

お母さんへ

お母さんは、元気ですか？　しっかり食事して、お茶も飲んでくださいね。

僕は今、瀬戸内海の淡路島《あわじしま》の、リゾートホテルに来ています。

今日、旅行2日目は、朝食後、大山《だいせん》ロイヤルホテルを出発し、山の中へ、そして、さらに山の中へ。お昼ごろ、山城の郷に到着、すぐに観光しました。とてものどかで、良かったです。なにもない…、それが良いんですよ！

そして、さらに、山道を進んで、上がっていくと、山頂に築かれた天空《てんくう》の城《しろ》・竹田城《たけだじょう》跡に出会いました。

この静かな山の中も、今は、観光客でいっぱいです！

警察官が交通整理をしていました。何はともあれ、素晴らしい景色を見ました。やはり、色々なパンフレットにあるように、景色は最高でした！　日本のマチュピチュです。

順番待ちの竹田城跡への観光、観光客は、観光バスから、どんどん押し寄せます。

その後、バスはいっきに南下し、瀬戸内海の淡路島の豪華リゾートホテルに向かいました。

16時30分にホテルに到着しました。

このウエスティンホテル淡路島は、豪華Aランクホテルの、さらに上の、Sランクホテル、最高ランクのホテルです。ホテルは大きく立派、部屋も広く、バルコニー付きの素晴らしい部屋です。

ミーちゃんが言っています〝ホテルも部屋も、最高！　ずっとここに居たいわ！〟と。

僕も同じです。2〜3日と言わず、1ヶ月2ヶ月と、ここに居たい思いです。それほど素晴らしい部屋、素晴らしい景色、素晴らしいホテルです。

今日は、早めにホテルに着いたので、ゆっくり、温泉を楽しみました。また、食事は、見るからにきれいで、一つ一つ、どれも、みんな、おいしかったです！　とても豪華で贅沢な食事でした。人生、一生懸命に働いた後は、このようなリゾートホテルで、のんびり、ゆったり、過ごせたら、良いですね。

さて、食事も温泉も、大満足しました。今、部屋で、ミーちゃんと、星を見ながら、瀬戸内海《せとないかい》の音、海のせせらぎを、心地良く耳にしています。

昨日も、今日も、お天気に恵まれ、本当に良かった。そして、この、星の輝く空は、最高にきれいです！

明日、6月3日は、旅行3日目、きっと、朝5時に起きるでしょう。そして、温泉に入ります。朝食は、海の幸の盛り合わせをいっぱい食べるぞー！　早く食べたいなぁ〜。

朝食後は、お伊勢《いせ》さん（伊勢神宮《いせじんぐう》・内宮《ないぐう》と外宮《げくう》）へと、一直線に走ります。そして、丁寧に、心を込めて、参拝します。

お母さんは、お伊勢さんに、何回も行っているので、説明は略します。

そうそう、忘れていませんよ！　お伊勢さんのお茶、伊勢茶を、おみやげとして買っていきます。楽しみに待っていてくださいね！　それに、お伊勢さん名物の〝赤福〟も、持っていきますよ！

お母さんの健康と長生きを、いっぱい、お祈りしてきます！

その後、新幹線、のぞみ、グリーン車で、東京に帰ります。


6月7日、土曜日、午後5時ごろ、お母さんの元へ帰ります、ミーちゃんと。

けんじ

この手紙は、ウエスティンホテル淡路島から出します。

パンフレットが多く、それに、僕の説明書きも多いですが、じっくり、楽しく、見てくださいね。

けんじ

その後の母への手紙　そして父の事

母への手紙　その後

私は母の喜ぶ顔が見たくて、東京の家に帰った時、旅行に出かけた時、母に手紙を書きました。そして、〝出雲大社《いずもたいしゃ》、伊勢神宮《いせじんぐう》、天空《てんくう》の城《しろ》・竹田城《たけだじょう》跡を巡る豪華リゾートホテルの旅〟第2日目、平成26年6月2日以降も、旅行の手紙を書き続けました。

平成26年（2014年）

6月28日〝名物・観光・歴史・花・うまいものなど盛りだくさん！　うまいものミステリーツアー〟

6月30日〝山形サクランボ狩りと東沢《ひがしざわ》バラ公園　花咲かフェスティバル2014ゆめタネ@さがえ〟

7月3日〝ブルーベリー摘み食べ放題も♪　佐藤錦《さとうにしき》・紅秀峰《べにしゅうほう》など3種のサクランボ狩り食べ比べ　名物、水沢うどん食べ放題と舞茸天婦羅《まいたけてんぷら》御膳〟

10月19日　〝氷河特急《ひょうが》乗車　往復スイス・インターナショナルエアラインズ　～アルプス5大名《めい》峰《ほう》と2つの絶景列車～ピッツベルニナ・マッターホルン・ミシャベルアルプス・モンブラン・ユングフラウ　10日間のスイス〟

11月16日　〝秋のベストシーズンに行っ得！　韓国《かんこく》周遊・7大世界遺産めぐり4日間〟

11月22日　〝伊豆《いず》半島紅葉スペシャル！　紅葉がいっぱい！　旅フルコース　～伊豆編～〟

12月15日　〝羽田～石垣島《いしがきじま》らくらく直行便　神秘なる感動の島旅　八重山《やえやま》浪漫紀行4日間〟

平成27年（2015年）

1月27日　〝国内屈指の美しい海が広がる宮古諸島《みやこしょとう》　宮古諸島5島ハイライト　3日間〟

2月24日　〝ペルー大周遊10日間～ナスカ・マチュピチュ・チチカカ湖～　マチュピチュ村2連泊、リマ歴史地区、クスコ市内、ナスカとフマナ平原の地上絵、ミスミナイ村観光、チチカカ湖遊覧観光（標高3812メートルに位置するチチカカ湖に浮かぶ葦《わら》で作られたウロス島を訪れます)、プーノ観光、ウマヨ湖観光〟

4月17日〝エアーカナダ往復直行便利用　カナダ・アメリカ　北米大陸5つの絶景9日間　カナディアンロッキー　アンテロープキャニオン、モニュメントバレー、グランドキャニオン、ナイアガラの滝〟

5月20日〝往復全日空利用　上海《しゃんはい》・江南《こうなん》大周遊　ハイライト5日間〟

6月18日〝きらめきの江南《こうなん》7都市大周遊　6日間　蘇州《そしゅう》・無錫《むしゃく》・同里《とうり》・杭州《こうしゅう》・紹興《しょうこう》・烏鎮《うーちん》・上海《しゃんはい》〟

6月26日〝山形サクランボ狩りと東沢《ひがしざわ》バラ公園　花咲かフェスティバル2015ゆめタネ@さがえ〟

7月4日〝サクランボ狩り食べ放題とおによめ、ドットcom、お買い物と山形そば膳の昼食付〟

9月23日〝飛行機で北東北へビュンと楽々移動！　初めてのみちのく三大半島　秘境ハイライト

と2つの人気ローカル列車　3日間の旅〟

10月26日 〝朝一番の八幡平と十和田湖・奥入瀬《おいらせ》渓流・角館《かくのだて》・平泉《ひらいずみ》　秋色のみちのく紅葉ゴールデンルート3日間　2泊とも紅葉名所の温泉リゾートホテルに宿泊〟

12月15日 〝ドイツ・スイス・イタリア3か国周遊7日間　オーバーアマガウ、世界遺産ヴィース教会、ノイシュバンシュタイン城、アルプゼー、ボーデン湖、ルツェルン、ベルガモ観光、ミラノ観光　全区間ビジネスクラス利用〟

平成28年（2016年）

1月21日 〝どど～んとおひとり様カニ3杯！　紋別《もんべつ》＆稚内《わっかない》、オホーツク海旬鮮《しゅんせん》グルメ旅3日間〟

1月26日 〝旅の福袋　2016年新春あけてびっくり！　3食付き、グルメと観光とおみやげいっぱい！　ワクワクドキドキ日帰りバス、ミステリーツアー〟

2月17日 〝日本航空直行便利用　6つの世界遺産を巡る　韓国《かんこく》周遊4日間〟

3月3日〝安芸《あき》の宮島《みやじま》たっぷり120分　関門《かんもん》トンネルを歩いて渡る　本州最西端の下関《しものせき》まで
めぐる　安芸の宮島・萩《はぎ》・津和野《つわの》・下関《しものせき》3日間〟

平成28年3月4日　……。
平成28年3月5日　……。

この手紙を最後に、施設にいる母への手紙は、書けなくなりました。

父の事

2年前の4月、平成26年4月25日、台湾旅行から帰った翌日、父親の介護施設へ、おみやげをもって行った。父はラジオを聴いていた。

しかし、部屋はきれいに片づけられ、白い衣装だけが、ベッドの横に置かれていた。

〝えっ？　何、これ？〟

私はミーちゃんと顔を見合わせ、絶句した。また同時に、意味が分からず、状況が呑み込めず、何もない部屋の中をじっと見回した。

「お父さん！」と話しかけると、にっこりして「よお！　元気か？」と、手を振り、いつものような父だった。

「お父さんは元気だった？」

「ああ、いつも元気だ！」と笑みを輝かせた。

「昨日の夜、台湾から帰ってきた……。お父さんの一番好きな外国、台湾へ行ってきたよ。お父さんが言ったように、台湾は食事も景色も抜群に良かった！　特に、太魯閣《たろこ》渓谷《けいこく》が素晴らしかったなぁ〜。それにアミ族の伝統舞踊がすごく良かった！　これがおみやげだよ！」

父はにっこりして、「ありがとう……」と言い、目をつむった。

「あれ？　お父さん、疲れているの？　…眠いの？　…大丈夫？」

「ああ、…」と言い、父は目を開けた。

「それに、台湾の新幹線も良かった！」

「ミーちゃんは？」と、父は微笑んだ。

「ミーちゃんは、ここにいるよ。僕の横！」

「お父さん、私はここにいますよ！」と、ミーちゃんはにっこりして父を見た。

「お父さん、ミーちゃんは台湾旅行に大満足、また行きたいわ、と言っているよ」

「それは良かった」と、父もうれしそうな顔をした。

「お父さん、手紙とパンフレットは、もう、受け取った？　僕、速達、エクスプレスで送ったんだよ」

と、父と話していると、看護師さんと介護さんが、部屋に入ってきた。

「息子さん、…。お父様は、…」と、重苦しい顔をした。

「あのぉ、何ですか？」私はこの時も、何も理解していなかった。

「お父様は、体調を崩し…、３日前から危篤で…、ずっと、昏睡状態が続いていました…。でも、不思議なんです。今朝、急に目を開け、何もなかったかのように、笑顔で、ニコニコしているんです。私達、何が起こったのか、全く理解ができないんです。きっと、息子さんの来ることが分かっていたのかもしれませんね」

「お父さん、元気？」私は再び父の表情、父の身体を注意深く見た。

「ああ、元気だよ。今日はよく来てくれた。ありがとう」と、私を見て、うれしそうな顔をした。

父が無事で本当に良かった！　それに、表情も明るく、笑顔も素敵だった。


私は上機嫌で、台湾旅行やおみやげについて話していると、看護師さんが再びやって来て、

〝お父様は、お疲れかもしれないので…〟と言った。

私は安心して帰ることにした。

「お父さん、僕、また明日来るね！」

「ああ、待っているよ。ケンジ、気をつけてな！　それに、ミーちゃんを大切にな！」

「うん！」

「お父さん、私もまた明日、来ますからね！」と、ミーちゃんはにっこりして父の手を握りしめた。

「ありがとう。ケンジのことを、頼む…」と、父はこの時も笑顔だった。

私は安堵の気持ちで、施設を後にした。

そして私が家に着き、玄関のドアに手をかけた時、施設から電話があった。

「お父様が亡くなられました…」

「ええっ？　…………」私は目を大きく見開き、無言のまま、玄関の前で、立ち尽くしていた。

私が施設を出て、看護師さんがその後、父の様子を確認した時は、父は窓から外の景色を見な

がら、ラジオを聴いていた。そしてその後、父の部屋へ行くと、目を閉じていた…。

「お父様は幸せそうな顔をしていました」


その数日後、私は母の施設へ。

しかし、この時、母は重い肺炎で、生死をさ迷っていた。

3日後、最悪の状態をのりきり、母は目を開けた。そして、私を見て、微笑んだ。お医者さんは、「もう大丈夫ですよ」と言い、ホッとした表情をした。

私は、父が亡くなったことを、母に話すことが、できなかった。

反対に、「父は、東京の施設で元気にしている…」と、母に伝えていた。

母との別れ

平成28年3月5日に山陰山陽の旅を終え、翌6日に、ミーちゃんと共に、おみやげを持って、母の元へ帰った。

母は大喜びだった！

ミーちゃんを見たり、おみやげを見たり、うれしくて、うれしくて、まるで子供のように目を輝かせた。

ミーちゃんと楽しい3日間を過した。

4月になり、母は体調を崩し、微熱が続いた。

私は不安になり、ミーちゃんに来てくれるよう、連絡した。

4月11日、私とミーちゃんが駆け付けると、母は目を開けたが、すぐに目を閉じ、じっと、ベッドで寝ている状態だった。

4月12日も点滴治療を受け、ベッドで寝ているだけだった。

翌13日も14日も、点滴治療を受け、ベッドで寝ているだけだった。

私とミーちゃんは、毎日、朝食後に母に会いに行き、部屋の中で、母を見守っていた。そして昼食の時だけ、私とミーちゃんは、部屋を出て、ロビーで、お弁当を食べていた。

食べ終えると、母の部屋へ戻り、母のことを見守っていた。そして夕方の5時過ぎ、施設を後にしていた。

その翌日4月15日も、全く同じ状態が続いた。

そして4月16日、昼食をロビーで食べていると、看護師さんが表情を変え、走ってきた。

「早くお母様のところへ!」と言い、涙ぐんだ。

〝えっ? さっきまで変わったこともなく、穏やかに寝ていたのに……。いったいどうしたんだ?〟

ミーちゃんと急いで母の部屋へ入った。

母は真っ白な顔をして、目を閉じていた…。

「お母さん!」

と、呼びかけても、母は無表情のままベッドに横になっていた。

すぐに私は、母の呼吸を確認した。

「ええっ? 息が、ない……」

私はとっさに、母の手首に手を当て、脈をみた。

「ええっ! 脈が、ない……」

その瞬間、私の目から、涙があふれた。

私は母の手、腕を、必死に、さすった。

「お母さん!」と言いながら……。

「お母さん、答えて！　なんでもいいから……」

それでも母は、まったく動かなかった。

私は、神様に祈るような気持ちで、母の顔を、やさしく、やさしく、なでた…。

その時、母は、目を開けた。

「あっ、お母さん！」

母は一瞬、私に視線を向けたが、次の瞬間、ミーちゃんの事を、一心に見続けた。

すると母の顔は、厳しい、真剣な表情に変わった。そして、そのままの状態（ベッドの上）で、上半身を起こし、動かない左手と不自由な右手を精一杯、ミーちゃんに差し伸べた。

ミーちゃんはすぐに母の手を取り、握りしめた、目はもう涙でいっぱいだった。

母は、全身全霊をこめて、ミーちゃんを見つめ、懇願するかのように、

「ケンジのことは頼んだよ！　頼んだよ！」と言い、ミーちゃんの手をぎゅっと、握りしめた。

「お母さん…、ケンちゃんのことは、私に、任せてください！」

と、ミーちゃんが泣きながら母の手を握りしめると、母は安心したかのように、うれしそうに微笑んだ。そして目を閉じた。すると母の身体はベッドへと、ゆっくり、舞い落ちていった。

真に、一瞬のことであった。

私の母はこの日、4月16日に天国へと旅立った。91歳だった。

エピローグ

「お母さん、やさしい顔をしていたね！」

「うん！」

「お母さん、ケンちゃんを見ると、いつも、ニコニコの笑顔だった……」

「うん、僕もうれしかった……」

「お母さん、ケンちゃんと一緒に、人生最高のメリーゴーラウンド（回転木馬）を楽しんだね」

「うん、今も、僕の中で生きている…」


「私のお母さんと、ケンちゃんのお母さん、天国で仲良くやっているね」

「うん、間違いなく、仲良くやっているよ！　ミーちゃんのお母さんは話好きだから、今頃、楽しくワイワイやっているよ」

「それに、私のお父さんと、ケンちゃんのお父さんも、仲良くやっているかも……」

「間違いなく、仲良くやっているよ！　二人ともお酒が好きだから、きっと、一杯飲みながら楽しくやっているよ」

「ケンちゃん、一杯なの？　それとも、いっぱい、なの？」

「それは、勿論、いっぱい！」

「ケンちゃん、ひょっとすると、お父さんとお母さん達、天国から、私達を見守ってくれているかも……」

「僕もそう思う。毎日、感謝の気持ちをもって、真面目に生きているか、夢をもって前進しているか、それに、お互いを尊重し合っているか、優しく、大切に、接しているか…。きっと、怖い顔をして、僕とミーちゃんを見ているかも……」

「そんなことはないわ！　きっと、笑顔と共に、私達を見守ってくれているわ」

「うん、そうだね、笑顔と共に！」

あとがき

母との介護施設での生活、私は毎日が、幸せだった。なぜなら、母と一緒にいられるから…。

朝起きて、8時9時には、母の施設へ行っていた。そして、夕方の5時過ぎに、施設を後にしていた。

そして母がリハビリを頑張ったり、昼食を全部食べたり、笑顔を見せてくれると、私は、心の底から、うれしかった。


また、ミーちゃんとお母さんとの出来事も、忘れられない。

母はミーちゃんのことが大好きだった。そしていつも、ミーちゃんのことを見ていた。

また、ミーちゃんがそばにいると、母は、いつも笑顔だった！


ミーちゃんが〝南京玉すだれ〟を披露すると、母は、いつも大喜びだった。

特に、〝虹〟という作品を目にすると、母は、涙を流して喜んだ。

それに、ミーちゃんの新しい作品〝夢〟と〝未来〟という2つの作品は、お母さんに手伝ってもらい、華やかに開花させた。それはまさに、夢のような作品だった。

母の動かない左手も、この時は、なんとか南京玉すだれに触れることができた。

また、不自由な右手で、南京玉すだれを持った時、母は満面に笑みを輝かせた。

私もミーちゃんも、感動して、涙をこらえることができなかった。

「お母さん、南京玉すだれの『虹』を気に入ってくれて、どうもありがとう！　私、うれしいです。今度、お母さんにもっと喜んでもらえるように、新しい作品を2つ、考案しました。1つは『夢』という作品で、もう1つは『未来』という作品です。どちらも私一人ではできません。お母さんのお手伝いが必要なんです。私とお母さんの二人で、この新しい作品をケンちゃんに披露しましょう？　お母さん、よろしくお願いしますね」

この時、母は、ピカピカの笑みを輝かせた。


また、ある日、私は、母に作り話をした。

「お母さん、聞いて！　最近、ミーちゃんは、僕に、優しくしてくれないんだ。お母さんからミーちゃんに言って！『もっとケンちゃんに優しくしてあげて！』と」

すると母はニコニコしながらうなずいた。そしてミーちゃんを見つめ、口を開こうとした次の瞬間、ミーちゃんが口を開いた。

「ねえ、お母さん、聞いてください！　最近、ケンちゃんは、私に、優しくしてくれないんです。お母さんの口から、ケンちゃんに言ってくれませんか？『もっと、ミーちゃんを大切に、そして優しくしてあげなさい！』と」

すると母は、ミーちゃんを見て、にっこり微笑んだ。そして僕を見つめて口を開こうとした。

私は、すかさず、「お母さん、早く、ミーちゃんに言ってよ！」と、母より先に言った。

ミーちゃんも、「お母さん、早く、ケンちゃんに言ってくださいよ！」と、母を見た。

すると母は、顔を左右に振り、横に向けた。そして不自由な右手で、タオルケットを顔までかけた。

この時の、母の『なんとも、うれしそうな顔！』と『なんとも困ったちゃんな顔！』が、印象的だった。


別の日、私とミーちゃんが、昔の歌や童謡を歌うと、母はニコニコ嬉しそうだった。

でも、やっぱり、ミーちゃんの〝南京玉すだれ〟を見ているときの母の笑顔は、特別に輝いていた。私はその光景を、決して忘れることができない！

今も、私の目に、はっきりと焼き付いている。


「ケンちゃん、お母さんのことを優しく心温かく介助したね。それに、いっぱい手紙を書いたね。お母さん、きっと、喜んでいるわよ！」

「本当に、全部楽しかった！」

「私もよ！　お母さん、私の南京玉すだれを、あんなに喜んでくれて…」

「ミーちゃん、泣かなくても……」

「あの時のことが……、思い出されて……」

「うん、僕もうれしかった……」

「お母さん、きっと、幸せよ！」


最後までご愛読くださり、誠にありがとうございました。

おわん太郎

著者プロフィール

おわん 太郎（おわん たろう）

東京都出身
ブルゴーニュ・ワイン知識向上実習 合格証書及び名誉証書取得
サン・テチエンヌ大学　フランス語フランス文明修了証書取得
ル・メーヌ大学　経済学修士号取得

著書
『カナダからやって来たお姫さま（上下巻）』（2019年文芸社）
『愛のパラダイス（上下巻）』（2020年文芸社）
『シャモニ、モンブラン、そして愛（上下巻）』（2020年文芸社）
『神様からのプレゼントとぷいぷいぷい！（上下巻）』（2021年文芸社）
『ある日、突然、認知症⁉』（2021年文芸社）

母への手紙 下巻

2021年12月15日　初版第1刷発行

著　者　おわん 太郎
発行者　瓜谷 綱延
発行所　株式会社文芸社
〒160-0022　東京都新宿区新宿1－10－1
電話　03-5369-3060（代表）
03-5369-2299（販売）

印刷所　神谷印刷株式会社

ISBN978-4-286-23198-3